AF476431

8°Z
11061

[BIBLI]OTHÈQUE POPULAIRE
sous le patronage du Parti Ouvrier 5

LA

QUINTESSENCE

DU

SOCIALISME

PAR

BRUXELLES
Rue du ...
11

60 centimes franco de port à l'étranger.

Pas de double

LA QUINTESSENCE

DU

SOCIALISME

Z
1061 (5)

BIBLIOTHÈQUE POPULAIRE
à 25 centimes le volume

LA QUINTESSENCE

DU

SOCIALISME

PAR

A.-E. SCHÄFFLE

114045

BRUXELLES
11, RUE DU PERSIL, 11

1886

LA QUINTESSENCE
DU
SOCIALISME

CHAPITRE PREMIER

Première esquisse de l'idée fondamentale du socialisme.

Depuis les dernières élections du Reichstag allemand (1874), le « spectre rouge » a fait son apparition jusque dans les plus infimes cabarets; mais ce qu'il y a de curieux, c'est que la quintessence et le but de la propagande socialiste sont presque inconnus encore, et cela non seulement dans le monde des politiqueurs d'estaminets, mais aussi dans les rangs des classes « possédantes et instruites » et même dans les rangs des partisans socialistes.

Nous sommes à même de nous convaincre tous les jours qu'une masse de conceptions fausses, d'espérances et d'appréhensions exagérées de tout genre, se répandent à propos du socialisme.

Les ennemis et les contempteurs du socialisme, et aussi les innombrables croyants du *nouvel Evangile*, ne se sont pas fait, même partiellement, une idée juste de la chose qu'ils redoutent, abhorrent ou méprisent, ou qu'ils élèvent jusqu'aux nues.

Dans cet état de confusion où se trouve l'opinion publique, la chose la pl[illegible]s nécessaire est certainement de se faire une connaissance précise de la nature et du but de la réorganisation socialiste, et surtout de dissiper les conceptions fausses et les ignorances qui enveloppent ce grave sujet. Tel est le but de la présente *Quintessence du socialisme*.

Par une exposition bien nette de cette question, nous espérons obliger un certain nombre de lecteurs des *Deutsche Blätter*, lors même qu'ils seraient désagréablement surpris par le sujet même.

Nous croyons au moins éclaircir la question sociale par une étude générale et surtout exempte de préjugés.

Si nous nous trompons, nous nous serons fait involontairement illusion.

La vérité avant tout.

Ceci posé, entrons dans le mouvement social.

Observons d'abord le principe économique du socialisme, en écartant auparavant son côté passagèrement agitateur, ses phénomènes et tendances religieuses et politiques, et ses mots d'ordre d'application provisoire.

Il est hors de doute qu'il s'agit ici d'une question économique; c'est du moins en premier lieu une *question d'estomac.*

Cette question est le produit d'un revirement fondamental dans l'organisation de la transformation sociale de la matière (ou production en général), c'est-à-dire d'un phénomène économique sorti de l'écroulement du système industriel petit-bourgeois, et par conséquent le but du mouvement socialiste est, avant tout, une transformation fondamentale de l'économie sociale actuelle. Tout le monde en convient du reste.

Voici dans sa substance le programme du

socialisme, et le véritable but du mouvement socialiste international.

Remplacement du *capital* PRIVÉ, — c'est-à-dire du mode de production spéculateur privé, sans autre règle sociale que la libre concurrence — par le *capital* COLLECTIF, c'est-à-dire par un mode de production qui, fondé sur la *possession collective* de tous les *moyens de* PRODUCTION par tous les *membres* de la société, produirait une organisation plus unifiée, sociale, « collective », du travail national.

Ce mode de production « collectiviste » supprimerait la concurrence actuelle en plaçant les parties de la production des richesses qui peuvent être exécutées collectivement (socialement, coopérativement) sous la direction des organisations professionnelles (berufsanstaltliche) et en effectuant, sous cette même direction, la *répartition* des *produits communs* (sociaux) de tous à tous, en raison de la valeur d'usage social du travail de chacun.

Aussi divergentes et aussi embrouillées que ses voies paraissent aux meneurs socialistes isolés, tel est, réduit à sa plus simple expression, le but du socialisme contemporain.

Dans l'Etat capitaliste actuel, quiconque possède un capital fait librement toute entreprise quelconque avec une partie de la production nationale, cela dans son intérêt privé, et ne subit une influence sociale quelconque que par la réaction hydrostatique, pour ainsi dire, de tous les autres concurrents, qui sont, comme lui, à la recherche du gain.

Dans l'Etat socialiste, au contraire, les moyens d'organiser toute production et toute circulation de richesses (c'est-à-dire le *capital*, la somme des moyens de production), seraient la propriété commune de la société dont les organes collectifs, d'une part, coordonneraient toutes les forces séparées de travail pour les fondre dans l'organisation du travail collectif, et, d'autre part, distribueraient tous les produits de cette coopération sociale au prorata du travail de chacun. En conséquence, il n'y aurait plus ni affaires privées, ni entreprises privées, mais seulement le travail collectif organisé de tous dans les établissements de la production et de l'échange socialement organisés avec le capital collectif. Les rapports de gain (pour les capitalistes) et de salariat (pour les ouvriers) seraient abolis.

Les travailleurs recevraient les émoluments en raison de leur travail.

Les moyens nécessaires pour chaque genre de

production devraient être fixés par l'enquête officielle et continue des administrations de la vente et par les comités directeurs de la production. L'industrie sociale se réglerait sur ces déterminations. Le déficit ou surcroît occasionnel des produits serait balancé, de temps à autre, relativement aux besoins par une mise en réserve dans les magasins qui deviendraient de véritables *entrepôts publics*.

Tel est incontestablement et pris dans son sens le plus général le collectivisme, opposé au capitalisme; telle est la quintessence de l'organisation sociale du travail, opposée à cette « concurrence anarchique » actuelle qui, selon les socialistes, au lieu de remplir une fonction sociale, unifiée et consciente de la production et de la circulation des richesses, n'est qu'un jeu et un combat de concurrents luttant pour avoir une plus grande part dans la curée.

Les chefs du mouvement internationaliste, et notamment Karl Marx, dans son œuvre principale, *le Capital*, œuvre de mordante critique et d'une incontestable puissance de précision, sont très prudents dans les manifestations de leur programme positif. Mais celui qui sait lire et penser considérera avec raison les idées rapportées par nous plus haut comme étant la base et le but du socialisme. Ceci résulte de la large critique des socialistes contre l'organisation capitaliste et individualiste actuelle de l'économie politique. Cela ressort aussi des théorèmes de la science socialiste sur le travail considéré comme substance de toute valeur et des richesses, et des mêmes théorèmes sur la future répartition des revenus privés, réglée par le temps de travail que chacun aura donné à la production sociale et sur l'abolition du numéraire, etc.

Enfin, on peut tirer la même conclusion des programmes positifs de l'organisation socialiste nouvelle de l'économie politique en tant que ces programmes ont été développés ou mentionnés par les penseurs du parti. Une idée domine ces programmes dans leur partie critique comme dans leur partie dogmatique : *Propriété collective* au lieu de *propriété privée* de tous les moyens de *production* (biens-fonds, ateliers, machines, outillages, etc.) ; remplacement de la concurrence capitaliste sans unité par l'organisation sociale du travail, c'est-à-dire des établissements privés par l'organisation corporative et la direction sociale de la production ; division publique du travail commun sur la base de la possession collective par tous de tout le matériel du travail social; enfin la répartition des produits collectifs de tout genre aux travailleurs, en raison de la quantité et de la valeur de leur travail.

Les producteurs pris individuellement ne seraient que des *travailleurs* (et non des capitalistes) : car les moyens de production (ou capitaux) ne seraient plus appropriables individuellement ; tous les producteurs travailleraient en se servant des moyens de production de la communauté ; ils ne seraient donc pas des entrepreneurs particuliers, ni les salariés d'un entrepreneur privé, mais des travailleurs *professionnels* égaux, ayant des devoirs *immédiats* envers la société et étant *rémunérés* par elle.

Par conséquent, on ne connaîtrait plus cette distinction fondamentale des *revenus* privés d'une part en *profit* (quotité éventuelle des intérêts prélevés par les capitalistes sur les profits des débiteurs) et d'autre part en *salaire ;* mais tous les revenus représenteraient régulièrement l'équivalent de la part directe que chacun a prise à la production nationale (c'est-à-dire qu'ils seraient les revenus du TRAVAIL *exclusivement*), et en raison de la quantité et de la qualité de ce même travail.

Ceux qui rendraient à la sociétés des services

d'utilité générale, c'est-à-dire ceux qui ne produiraient pas directement, tels que les juges, les employés d'administration, les membres du corps enseignant, les artistes, les penseurs, etc., pour subvenir à leurs besoins, recevraient une part du produit national, en proportion du temps de travail qu'ils auront donné à la société.

Le lecteur qui n'a jamais bien étudié ce plan de réorganisation aura bien de la peine à le comprendre; nous-même avons déployé des années pour nous en pénétrer.

Et pourtant ces idées ont déjà un parti qui l'emporte sur beaucoup d'autres grands partis par son zèle ardent, son enthousiasme et une foi qui transporte les montagnes. Le parti socialiste a une organisation particulière, une extension internationale; il fait tous les jours plus de prosélytes, et il regarde l'avenir avec la certitude de la victoire.

C'est pourquoi il est urgent pour tout le monde de pénétrer dans cet ordre d'idées opposée à l'organisation sociale actuelle, du moins assez loin pour comprendre son adversaire.

Nous aurons donc à expliquer plus clairement les principes fondamentaux du socialisme exposés plus haut, par quelques considérations plus étendues.

Pour combattre un adversaire important, d'une manière efficace, il faut d'abord connaître exactement, impartialement, sincèrement, si l'on peut ainsi parler, ce que *veut* cet adversaire et ce que, d'après ses principes, *il doit vouloir.*

Mais, pour en arriver là, il ne faut pas prendre pour bases les folies subjectives de quelques têtes échauffées ; ces élucubrations ne sont qu'un accessoire et non une émanation nécessaire du principe fondamental. Il faut s'en tenir à ce qui découle nécessairement du principe, *à la formulation la plus logique et la plus sensée qu'on puisse se faire de la nouvelle idée.*

Cela est maintenant d'autant plus facile que ce n'est pas d'ici à quelques années que la *nouvelle foi des travailleurs* va se réaliser.

Pour notre part, c'est dans ce sens, aussi objectif que possible, et en élaguant les accessoires peu importants que nous cherchons à présenter l'idée socialiste. Il faut avouer que dans cet essai d'exposition, absolument intuitive, de *l'ordre positif* médité par le socialisme, on rencontre de grandes difficultés immédiates.

Une série de mots d'ordre émis par les orateurs secondaires n'ont qu'une signification agitatrice passagère, et sont le produit d'un moment donné d'agitation : ils ne font pas partie des données déterminantes (massgebenden Catechismus) du socialisme.

Les vieux plans de réorganisation fantastique de Charles Fourier et autres novateurs, bien que contenant dans leurs exposés toutes les idées fondamentales du socialisme contemporain, ne constituent plus néanmoins le programme de ce dernier.

Le Collectivisme agitateur de notre époque est sans aucun doute beaucoup plus raisonnable. Ce ne sont plus là les imaginations fouriéristes et sainsimoniennes, bien que les chefs les plus influents ne n'en rendent pas entièrement compte. On y transige même beaucoup avec les principes de l'individualisme et du libéralisme économiques.

Lassalle lui-même en a agi ainsi dans toutes ses propositions positives, de sorte que Karl Marx a repoussé les dites propositions; par exemple *les associations productives* créditées par l'Etat (1).

Quant aux buts positifs, comme ils découleront de la transformation des nombreux capi-

---

(1) Evidemment parce que les associations ou les « groupes », s'ils se mettaient à produire isolément en concurrence avec d'autres associations isolées, devraient absolument rester dans l'ordre actuel de production.

taux privés en un capital social, propriété collective de tous les membres de la société, les meneurs les plus conscients de leurs buts, et notamment K. Marx, ne se prononcent qu'avec un extrême prudence et avec une politique sagesse. Ils savent pourquoi ils agissent ainsi.

Aucun d'eux ne doute que l'agitation pour le nouvel ordre collectiviste ne soit encore bien loin de sa réalisation; ils savent que cette agitation est dans une période de début où il s'agit surtout de la négation et de la critique de l'ordre social existant et du réveil général de la conscience des masses par des mots frappants. Ils savent très bien que le mode de production actuel doit avoir abouti à ses dernières conséquences pratiques, c'est-à-dire à la complète absorption de la petite propriété, et avoir ainsi presque accompli la division ploutocratique de la population en une masse de prolétaires d'une part, et en une poignée de quelques gros richards d'autre part, avant que les masses populaires, et notamment les paysans et les petits bourgeois, puissent arriver au principe du collectivisme.

En Allemagne, surtout dans les campagnes, nous sommes loin encore de ces derniers développements. Si, dans les villes (Paris, Carthagène, etc.), le prolétariat se jette déjà dans le feu de la bataille, les chefs du socialisme se doutent bien que ce ne sont là que les premières escarmouches d'avant-postes de la grande bataille des classes qui aura lieu plus tard, et de laquelle ils attendent la complète transformation de l'ordre individualiste actuel en ordre collectiviste.

Les rapports qui 'établiront alors devront décider sur beaucoup de détails du programme positif à réaliser un jour. La réserve des chefs du parti socialiste, en ce qui touche le programme positif du parti, est donc très compréhensible; tous les chefs intelligents de parti ont agi de même dans de pareilles périodes d'agitation.

La manifestation la plus caractéristique et la plus importante en ce sens, sous tous les rapports, est le résumé que donne K. Marx à la fin de sa *Critique du capital.*

Le grand capital d'aujourd'hui, dit-il à peu près, tire son origine de la destruction des petites propriétés (des petits artisans et des paysans) dans lesquelles le travail et la propriété privée étaient réellement liés ensemble, et dans lesquelles le travailleur était aussi le véritable propriétaire de *ses* moyens de production et du produit de *son* travail. Cette forme intérieurement équitable de la propriété privée, où « le travailleur était libre propriétaire des moyens de travail par lui maniés : le paysan du champ qu'il labourait, l'ouvrier de l'outil dont il se servait ingénieusement » ; cette forme, disons-nous, heureuse pour son temps, comme juste dans le fond et identique avec le travail, avait le grand défaut d'éparpiller les moyens de production, d'où il résultait qu'elle souffrait de ce fractionnement dans sa productivité et ses moyens d'action. La petite propriété devait périr par ce défaut, et ce qui reste d'elle (petits artisans et petits propriétaires paysans) dépérit de jour en jour, forcée qu'elle est de céder à la puissance du grand capital agricole et industriel.

« La propriété privée acquise par le propre travail de son possesseur et basée, pour ainsi dire, sur l'union (Verwachsung) de l'individu indépendant et isolé avec les conditions de son travail particulier, a été supplantée par la propriété privée capitaliste, basée sur l'exploitation du travail d'autrui, formellement libre (1). »

---

(1). Le travailleur moderne ou prolétaire n'est libre, qu'autant qu'au risque de mourir de faim ou d'aller pourrir dans les prisons bourgeoises, il peut refuser au capitaliste de vendre sa force de travail. Mais une fois dans

« Aussitôt que ce procédé de transformation, détruisant les petites propriétés artisanes et paysannes, eut suffisamment décomposé la vieille société; aussitôt que les anciens travailleurs privés furent convertis en prolétaires, en travailleurs séparés de leurs propres moyens de production, que leurs moyens de travail (ancienne petite propriété), furent convertis en grand capital moderne, la lutte du capital alla encore plus loin : le grand capital — à sa deuxième phase de développement — combattit le petit capitaliste lui-même.

« Grâce à la concentration continue des moyens de production dans les grandes industries, un capitaliste en tue beaucoup d'autres; mais en même temps, dans le domaine du grand capital privé, se développe également et simultanément la forme coopérative sociale du travail, sur une échelle toujours croissante, l'application consciente de la technologie, l'exploitation en grand et méthodique du globe, la transformation des

---

la fabrique, il ne peut plus avoir de volonté, il n'est qu'un instrument de production, comme l'exige l'intérêt du capitaliste, véritable autocrate industriel, en ce qui touche la partie matérielle de la production. (Note du traducteur.)

moyens privés de travail en moyens de travail qui ne peuvent plus être appliqués que socialement et l'économie dans les moyens de production par leur emploi comme moyens communs de travail social combiné.

« Mais avec la diminution du nombre des magnats du capital qui usurpent et monopolisent tous les avantages de ce procédé de transformation, s'accroissent aussi la misère, l'oppression, le servage, la dégradation et l'exploitation, et parallèlement la classe grossissante des prolétaires, unis et organisés par le mécanisme même de la production capitaliste, se montre plus exigeante et plus puissante dans ses révoltes.

« Le monopole du capital deviendra enfin lui-même une entrave au mode de production qui a fleuri sous lui et avec lui.

« Alors aura sonné l'heure de la propriété privée capitaliste : *les expropriateurs seront expropriés.*

« Le mode de production et d'appropriation capitaliste a été la première négation de la propriété privée basée sur le propre travail de son possesseur. Maintenant cette négation s'annihile elle-même, et elle pousse au rétablissement de la propriété *individuelle,* mais sur la base de l'acquisition de l'ère capitaliste, notamment sur la base de la coopération des travailleurs libres, possédant la terre et les moyens de production en commun.

« La transformation précédente de la propriété privée morcelée et reposant sur le travail de son possesseur, était infiniment plus longue et plus difficile que la transformation du capital privé, mais déjà basé, en fait, sur un mode social de travail en propriété collective.

« Là, il s'agissait de l'expropriation des masses populaires par quelques usurpateurs ; il s'agit maintenant de l'expropriation de quelques usurpateurs par la masse du peuple. »

Peut-on parler plus clairement ? Ces points saillants en disent sur le contenu critique, comme sur le contenu positif (révélé d'une manière circonspecte) du socialisme autant que pourraient le faire des volumes entiers. Ils montrent en premier lieu que le nouveau mouvement a pleine conscience de son but général et de l'appui que lui fournit le développement ploutocratique de la société capitaliste, comme aussi de la nécessité pour lui d'augmenter encore ses ressources et de considérer son agitation actuelle comme une phase encore préparatoire.

Les chefs du prolétariat sont parfaitement

persuadés que, plus que toute autre agitation, la grande industrie mécanique et toute la tendance centralisatrice du temps concentreront et discipline ront les prolétaires comme force politique sociale. La concentration du travail par le mécanisme militaire du service obligatoire n'est pas approuvée par eux, mais en définitive n'est pas ressentie non plus comme une entrave. D'après les meneurs, cette concentration peut servir « d'école » et n'est rien moins que dangereuse pour le socialisme, en ce qu'elle façonne ses combattants de l'avenir, et rend, à la longue, les peuples mécontents des impôts. Tout ce qui discipline les masses unitairement, tout ce qui centralise, tout ce qui renferme en soi une concentration publique de forces isolées sur une vaste échelle, a une grande affinité avec le socialisme.

Le passage cité montre avec quel discernement et quel intrépidité le socialisme compte sur la discipline de l'État et du régime capitaliste. Puisse-t-on vis à-vis de lui ne pas compter tranquillement sur les baïonnettes et sur cette centralisation politique que le socialisme sera justement contraint d'employer comme moyen de sa première introduction.

Par la citation que nous avons faite, nous

avons aussi voulu arriver, avant tout, à la quintessence du socialisme.

A ce propos nous voyons d'abord clairement pourquoi le socialisme n'est pas pressé de dépouiller son rôle critique pour donner des programmes d'ordre positif. Il sait et il dit que la période préparatoire est de longue durée, rude et difficile.

Mais, secondement, nous voyons très bien de quoi il s'agit *en fin de compte*; nous lisons dans le passage principal de l'œuvre capitale du socialisme qu'on veut et qu'on tend à la transformation du capital privé (déjà relié en fait au travail collectif social) en propriété commune des travailleurs associés, en propriété sociale, en capital collectif.

De cette seule idée positive fondamentale on peut déduire et préciser avec plus de certitude tout le contenu positif de l'état social de l'avenir que l'on ne peut le faire pour la structure des races animales éteintes, par l'examen d'un os du crâne.

Pour cette déduction, nous sommes encore aidés par les théories socialistes (par exemple, celle sur la valeur), et par le mélange fréquent, quoique sous une forme hypothétique, d'idées positives dans la critique du capital. C'est pourquoi le tableau suivant que nous faisons du contenu positif du socialisme, — quoiqu'il ne soit pas fait par les socialistes sous les mêmes traits — est la conséquence rigoureuse de leurs données principales, tant critiques que positives. Nous l'avons scrupuleusement contrôlé par la comparaison avec la littérature socialiste qui nous est accessible.

CHAPITRE II

Moyens d'agitation.—Critique socialiste du capital. — Le profit comme appropriation de *plus-value*. — La propriété considérée comme vol. — Réfutation des fausses conceptions sur ces propositions. — Rachat éventuel des capitaux de la moderne féodalité financière.

Avant de poursuivre dans ses conséquences diverses le principe collectiviste, nous rappellerons encore une fois que l'*alpha* et l'*ômega* du socialisme, c'est la ***transformation des capitaux privés de la concurrence en un capital social unitaire***.

Le sens de cette revendication dont découle tout le reste, mérite par conséquent quelques commentaires ultérieurs.

Demandons-nous, avant tout, comment la *transformation* est généralement comprise.

En ce qui touche le temps, il paraît certain que les chefs ne se laissent pas aller à de trop fiévreuses espérances. Parmi les meneurs du prolétariat et le grand nombre de penseurs et d'hommes conscients de leurs buts on en trouverait difficilement qui pensent que la victoire définitive viendra du jour au lendemain, c'est-à-dire dans le cours de ce siècle.

Ce à quoi ils peuvent s'attendre dans un avenir plus prochain, c'est à l'obtention du pouvoir politique et encore plus à l'éducation socialiste des masses, au bannissement théorique (par la propagande) de l'ordre actuel de la propriété et de ses conséquences délétères (agiotage, tromperie, etc.); c'est enfin à attendre l'avènement dernier du contraste paupériste existant entre quelques millionnaires et des millions de prolétaires.

Les agitateurs socialistes atteindront le but le plus proche en organisant le parti, en propageant les idées de bien-être parmi les masses; en dévoilant les tromperies de la spéculation et ses banqueroutes « scandaleuses », et en sapant toutes les vieilles autorités, en profitant des querelles entre l'Église et l'État (dans lesquelles le socialisme est visiblement le *vrai tertius gaudens*), et en se servant de toutes les centralisations dans l'État et dans la société pour la propagande socialiste.

L'extension des *associations productives* ne formerait pas d'abord une organisation socialiste, car la forme de production corporative serait encore une forme de concurrence et une dernière réalisation du principe capitaliste; mais cet ordre de choses ne porterait pas préjudice au socialisme, car les établissements corporatifs ont, dans le fond, beaucoup plus d'affinité avec le collectivisme; et, quand viendra le moment d'appliquer le socialisme, cette forme s'y prêtera beaucoup mieux que la forme de production capitaliste privée.

Il en est de même de la participation des travailleurs aux bénéfices; ce n'est pas une organisation sociale, mais elle conduit à la propriété collective. Toutes ces formes transitoires, le socialisme peut les conduire comme l'eau à son moulin, mais elles ne sont pas son dernier mot.

Nous insistons sur ces points pour mieux expliquer pourquoi la conquête du pouvoir politique par le peuple travailleur, l'agitation, la propagation des idées de bien-être, la critique de la spéculation effrénée, comme aussi les compromis éventuels avec l'État pour l'encouragement des sociétés productives, sont, avant tout, peuvent et doivent être, dans les circonstances présentes et sans préjudice du but final du socialisme, le mode d'agissement le plus efficace.

La critique socialiste du capitalisme ou du système de production privée dans la particularité qui lui est propre, exige en outre une mention particulière préalable; autrement on ne comprendrait pas la langue des socialistes.

La *Critique du capital* est le travail intellectuel préparatoire le plus important de la période présente.

Observons d'abord que la propriété capitaliste d'aujourd'hui est représentée comme le produit d'un *vol.*

C'est là un grave malentendu, si l'on prend dans le sens absolu ce mot de Proudhon : *la propriété c'est le vol*, d'après lequel le socialiste regarderait chaque propriétaire comme un voleur dans le sens criminel du mot et rangerait le bourgeois le plus honnête parmi ceux qui vont, munis d'une lanterne sourde et d'une fausse clef, voler le bien d'autrui. Mais rien n'est plus erroné que cette interprétation, au moyen de laquelle on croit le communisme condamné par lui-même.

Ces paroles : que la propriété capitaliste actuelle représente le vol, ou, comme dit Lasalle, le *bien d'autrui* (Fremdthum), qu'elle est une propriété anarchiste devant être remplacée par la vraie propriété basée sur le travail de son possesseur, ont évidemment une tout autre signifi-tion, comme le comprendra chaque homme versé dans ces choses.

Le sens de la critique socialiste de la propriété capitaliste est le mieux exprimé par Karl Marx, le chef et le théoricien le plus autorisé du prolétariat.

Marx part de ce point de vue que la propriété capitaliste transmise par les siècles dérive, en raison de sa masse, de la conquête, de l'expulsion des serfs (confiscation des petites propriétés agricoles [Bauernhofe]), du pillage des colonies, de l'abus des forces politiques, des systèmes protectionnistes en faveur des privilégiés, du partage des biens d'Eglise sécularisés, etc.; mais il ne met pas le vol sur le compte de Pierre ou de Paul, héritiers actuels de cette propriété. En général, il s'occupe très peu de juger ces anciennes formes de l'accumulation primitive du capital! il ne s'occupe qu'en passant de ce moderne capital né du pillage (Raubritter capital), de l'excès de corruption des bourses, des parlements et des journaux. Il s'attache principalement à dévoiler le procédé de formation de ce capital qui, étant donné l'ordre actuel, est le seul possible; qui, dans les circonstances présentes, est normal, légal, et même tout à fait inévitable.

Marx observe que la masse des capitaux de la spéculation qui se forment et se multiplient aujourd'hui, proviennent des profits du capital, de l'excédent des *profits d'entreprises* et non pas des épargnes sur les salaires.

Certainement que cela est.

Plus loin, il reconnaît parfaitement que chaque capitaliste, s'il veut se maintenir sous la loi sociale anarchiste de la concurrence à laquelle il est soumis actuellement, d it, lui aussi, augmenter son capital par le profit, autrement sa ruine serait certaine.

« Moins que tout autre, dit Marx textuellement, mon point de départ, qui comprend le développement de la formation économique de la société, comme un procédé historique et naturel, peut rendre l'individu isolé responsable des conditions dont il dépend *socialement*, au point qu'il puisse s'élever subjectivement au-dessus d'elles. »

Marx est donc bien loin d'appeler subjectivement le profit capitaliste un vol, ou d'exiger qu'un capitaliste — aussi longtemps qu'il devra acquérir d'après le mode actuel de production — renonce à fairo tous ses efforts pour augmenter, autant que possible, le profit de son capital et son capital lui-même.

Mais *objectivement*, il résulte de l'organisation actuelle du mode de production, si contradictoire au fond, que l'enrichissement privé du capitaliste est basée sur la spoliation du travailleur, qu'il est, par conséquent, une escroquerie, une rapine (Plusmacherei), une exploitation.

Les profits du capital dont naissent les grandes fortunes privées ne produisent de tels excédents que parce que le travailleur salarié reçoit un salaire inférieur à la valeur de son travail et qu'il doit tous les jours laisser dans les profits du capitaliste cette plus value de son travail.

Même d'après l'économie politique bourgeoise, le travailleur reçoit, en moyenne, non pas la valeur complète du produit de son travail journalier, mais beaucoup moins et seulement l'équivalent de ce qui lui est strictement nécessaire pour son entretien quotidien. Il travaille par jour dix à douze heures, dont six peut être déjà représentent la valeur de son salaire. Ce qu'il produit en plus de son entretien (ce qu'on nomme *plus-value*), passe dans la poche du capitaliste. La plus-value tombant en gouttes journalières est absorbée par l'éponge du capital; elle devient profit du capitaliste et grossit le plus souvent le capital.

En effet, la critique du capital par Marx, cet évangile critique des travailleurs contemporains de l'Europe, est en substance une théorie critique de cette *appropriation capitaliste de la plus-value.*

Toutes les conditions et toutes les formes de cette appropriation capitaliste sont vivement représentées sur toutes les faces, à l'aide d'amples matériaux puisés surtout dans les conditions économiques de l'Angleterre.

La concurrence des travailleurs entre eux, l'instabilité du procédé de production, l'effet déplaçant des machines, les bouleversements techniques, la concurrence étrangère au travail manuel mettent, selon Marx, le travailleur salarié et le petit bourgeois dans la nécessité de céder leus travail journalier au capitaliste (propriétaire foncier, industriel ou commerçant) et à se laisser réduire à un salaire qui ne leur paie pas toute la valeur de leur travail, mais simplement leur donne de quoi subvenir à leur strict nécessaire.

La plus-value de la journée de travail, qui n'est pas payée en salaire, passe dans la bourse du capitaliste au moyen de la vente des produits du travail, enrichit celui-ci et lui donne les moyens de déployer plus de luxe dans son intérieur et surtout d'augmenter indéfiniment son capital.

Ainsi, sous le couvert du salaire qui n'est pas équivalent au produit de travail, a lieu, tous les jours et à toutes les heures, une exploitation sans trêve des travailleurs salariés, et ainsi le capital joue le rôle d'un vampire, d'un spoliateur, d'un voleur.

Toutefois, *subjectivement*, le bourgeois honorable est exempt de toute culpabilité, car il est forcé par tout le système existant, légalement imposé par la concurrence anarchiste, à prendre part à la spoliation insatiable, c'est-à-dire de dépouiller les travailleurs le plus possible de leurs produits et d'augmenter à l'infini ses propres écus. En agissant autrement, le bourgeois serait incapable de lutter avec ses concurrents.

Mais *objectivement*, cette spoliation générale est condamnable et le système doit être changé.

Comment se fera ce changement, ce n'est pas dit en détail, mais, des antécédents critiques, on peut tirer l'idée positive avec certitude. Il n'y aura plus de *capitalistes* ni de *travailleurs salariés*, mais simplement des *producteurs* lorsque le système de concurrence des capitaux privés — qui réduisent le salaire par la concurrence — sera remplacé par *l'appropriation collective du capital*, avec une *organisation sociale du travail*, et par un partage du revenu national en raison du travail de chacun. Ainsi le *profit* ne pourrait plus étouffer le *salaire*, parce qu'il n'y aurait plus ni *salaire* ni *profit*, mais seulement *indemnité sociale, revenu du travail socialement déterminé et mesuré d'après la quantité et la valeur d'utilité sociale du travail.*

Il n'y a qu'une part du produit national qui ne serait pas partagée entre les individus, c'est celle qui serait destinée aux administrations productives et économiques en général. Une partie de ce capital serait restituée au capital collectif, en compensation de la quantité employée à la production, une autre partie servirait à l'entretien des autres institutions d'utilité publique (non directement productives).

Cette partie du capital profiterait donc à tous les citoyens, elle constituerait une sorte d'impôt naturel aussi direct que possible et retenu avant la répartition des revenus privés. Ce capital réservé remplacerait les impôts d'aujourd'hui, il serait employé aux charges d'utilité publique et formerait la base permanente du capital collectif.

A un endroit de son livre, Marx manifeste cette idée par paranthèse et à peu près ainsi (p. 37, 1re édition allemande) :

« Le produit commun est (serait) un produit social, une partie de ce produit sert à remplacer le capital employé à la production : il reste social ; une autre partie est consommée par les membres de la société et c'est pourquoi elle doit être répartie entre eux. La part de chaque producteur pour ses moyens d'existence serait déterminée par son temps de travail. Le temps de travail servirait alors de mesure pour marquer la part individuelle de chaque producteur dans le travail commun, et en même temps de mesure dans *la part* des *produits communs individuellement consommables.* »

Il est bien clair que le programme socialiste est autre chose que le « *partage* » périodique des propriétés privées ; il veut dire propriété collective des moyens d'un travail qui est déjà collectif en réalité ; anticipation directe sur le montant du travail collectif des sommes nécessaires à l'entretien des institutions d'utilité publique, — cela en remplacement de l'impôt ; partage de tous les autres moyens de consommation entre les producteurs isolés dont ils seront la propriété et le revenu privé, répartition faite, comme nous l'avons répété, au prorata du travail de chacun.

Qu'on se garde donc bien de considérer le socialisme comme un système de partage périodique des propriétés privées, ce serait s'escrimer contre des moulins à vent et chaque page des journaux socialistes a raison de flétrir ce procédé comme une preuve de crasse ignorance.

Après cette critique du capital privé, l'établissement final de la propriété collective ne parait pas même douteux aux socialistes. L'extrême difficulté de la transition à l'ordre nouveau ne les préoccupe pas trop ; ils comptent sur la *masse expropriée* de la population en face du petit nombre d'*expropriateurs*, sur l'achèvement du procédé de destruction de la petite bourgeoisie et sur *l'impossibilité de continuer la production privée* avec une classe ouvrière *mécontente* et qui *n'a plus de foi* dans l'autorité.

Quant à la question de *droit* concernant le passage à l'ordre nouveau elle n'est pas même douteuse pour eux. Ils disent à peu près ceci :

Le bourgeois peut avoir un droit sur ce qu'il a acquis sous le régime actuel de production et nous lui rachèterons son capital privé, comme il a racheté le droit féodal. Mais il n'a aucun droit de réclamer pour *tout l'avenir* l'empêchement d'un *meilleur* mode de production. Une nouvelle forme de production peut, à chaque moment, être proclamée par le peuple comme un nouvel état de justice.

Dès lors le capitaliste ne pourra plus seul exercer sa grande industrie : il saura s'estimer heureux si on rachète, à lui et à ses enfants, le capital privé en annuités de moyens de jouissance, qui dureront jusqu'à ce que tout le monde se soit fait aux nouvelles conditions. Notre capitaliste s'inclinera devant le *droit nouveau* proclamé par la majorité du peuple, comme la noblesse a dû s'incliner devant le droit proclamé par la bourgoisie et se contenter du rachat des servitudes féodales.

Le socialisme n'est nullement contraire au rachat des propriétés privées actuelles, si les propriétaires y consentent de bonne volonté ; il s'en rapporte ordinairement à l'acte libéral d'expropriation de la noblesse féodale et de l'Eglise féodalisée par les compensations évaluées en titres de rente.

Mais, étant donné le même rachat complet des valeurs productives, on ne délivrerait plus aux expropriés des titres de rentes ni des moyens de production, mais seulement des moyens de consommation ; car, à l'avenir, les moyens de production ne pourraient plus être propriété privée, quand bien même la propriété privée antérieure, résultant des titres de rente, aurait été indemnisée, selon sa valeur complète, lors de l'expropriation, par la cession des moyens de consommation. On voit facilement qu'avec ce genre de rachat, les capitaux immenses de Rothschild et consorts ne peuvent, même après pleine indemnité, que se transformer en une richesse suffoquante de moyens de consommation. Cette grande propriété ne pourrait pas longtemps durer. Les grands capitaux privés seraient aussitôt supprimés comme capitaux, et bientôt même comme richesses, car l'Etat socialiste n'accepterait nullement, en principe, le rachat moyennant des rentes permanentes. Ainsi l'excédant naturel ne pourrait pas se maintenir durable par un dédommagement purement transitoire.

De ce qui précède, on reconnait facilement que le socialisme n'a pas besoin de « partager, » tout au moins de partager périodiquement dans le sens attribué à ce mot. Il peut plutôt reconnaître les richesses déjà accumulées comme le produit légal d'un mode d'acquisition passé;

mais il ne peut pas *pro futuro* les laisser accroître et gagner éternellement comme capital privé, comme sources de rente particulières.

Le socialisme repousse dans son but final la richesse comme moyen de production privée, comme source de rente privée, et par là il met radicalement fin, dans le fond, à toute inégalité de revenu ne résultant pas d'un travail particulier. Alors l'inégalité est, comme l'a dit un socialiste, « organiquement supprimée. »

Qu'on réfléchisse bien sur l'énorme portée de ce fait : la famille Rothschild possède, admettons, 500 millions d'écus; elle en serait, par supposition, complètement indemnisée, si, dans le courant de trente ou cinquante ans, on lui délivrait par annuités la valeur escomptée de 500 millions d'écus, mais seulement sous forme de moyens de consommation, de luxe et d'agréments.

Cette famille serait en état de jouir richement et de faire des dons; mais elle ne pourrait plus capitaliser, ne pourrait plus convertir son surplus en sources de rente, et, même avec le droit d'héritage intact, elle serait contrainte, après deux ou trois générations, au travail personnel, comme toute autre famille, à moins qu'elle ne préfère émigrer, auquel cas il est bien douteux que l'Etat socialiste lui envoie ses annuités.

Certes, on n'a rien pu imaginer de plus fort contre l'aristocratie financière, et en particulier contre les juifs, que cette exclusion, de droit social, des moyens privés de production et des sources de rente privées.

C'est d'autant plus remarquable que ceux qui ont le plus efficacement répandu cette idée dans les masses appartiennent au judaïsme : Marx et Lassalle sont d'origine juive.

Le socialisme se glorifie de ce résultat ; il se glorifie surtout de ce qu'il va extirper radicalement toutes les tromperies des bourses, des monopoles privés et de l'usure. En effet, avec la réalisation socialiste, il ne resterait plus rien des revenus provenant de la spéculation et des rentes gagnées sans travail.

C'est ici le moment de réfuter un malentendu grossier.

On entend très souvent dire :

« Le socialisme ne veut plus de capital économiquement parlant ; il ne veut aucun moyen de production, il veut produire sans immeubles, sans fabriques, sans machine, sans instruments, sans matière première et sans combustible, car il nie le capital et en conséquence l'existence, l'épargne, l'entretien et le renouvellement des moyens de travail. »

On regarde cette conclusion comme une brillante réfutation de la doctrine socialiste, et on triomphe de cette « *imbécilité* des socialistes. » Mais il faut expressément se mettre en garde contre cette manière de réfuter le socialisme.

Il n'y a que la propriété, et seulement *la propriété privée des moyens de production*, que le socialisme veut abolir pour l'avenir. Au point de vue technique et au point de vue économique, non seulement il ne repousse pas le capital, mais, comme les citations tirées de K. Marx le prouvent clairement, il veut, par l'établissement et le renouvellement collectif de tous les moyens de production, introduire une organisation des capitaux productifs qui assurerait *à toute la production nationale* une dotation dans le sens de la grande production la plus rationnelle d'aujourd'hui.

Les fonds nécessaires pour l'entretien et le renouvellsment du capital social doivent être pris sur l'ensemble de la production collective. Déjà le rêveur Ch. Fourier réclamait l'abolition de la petite industrie bourgeoise, misérablement dotée ; il voulait la généralisation de la grande industrie.

Combien peu aspire un Karl Marx à ramener le procédé de production à la petite industrie (je ne parle même pas ici de la production sans capital, dans le sens technique du mot), cela est prouvé par le résumé ci-dessus mentionné, qui est le résumé de sa critique du capital privé, tel qu'il se trouve à la fin du premier volume de son Capital.

Quant aux maux nouveaux qui pourraient remplacer les maux présents, auxquels le socialisme peut remédier, nous n'avons pas à nous en occuper ici. Nous n'avons qu'à constater préalablement ce qui constitue le contenu du socialisme et à établir d'abord son principe fondamental.

Cherchons à poursuivre encore plus en détail les conséquences concrètes de ce principe dans les *catégories principales isolées de l'économie politique* : besoin, production, circulation, revenu, ménage, consommation et formation de fortunes! Ce n'est que par ces indications particulières que nous serons en état d'orienter complètement le lecteur, et de montrer d'une part que le socialisme rompt encore beaucoup plus avec l'ordre existant, que ne l'admettent les plus peureux, et d'autre part combien sont fausses certaines conceptions qu'on s'est faites sur son compte.

CHAPITRE III

Transformation des principales institutions particulières de la société économique actuelle : Détermination des besoins. — Liberté de ces derniers. — Organisation du travail et du capital en production collective. — Réfutation de quelques autres fausses conceptions. — Insuffisance de la simple théorie du coût comme mesure de la valeur pour l'organisation collective pratique et réalisable du travail et du capital.

En poursuivant la quintessence du collectivisme pratique et réalisable dans le domaine des principales catégories isolées de l'économie politique, nous recherchons, avant tout, en nous appuyant sur le système en vigueur chez les économistes, comment on déterminerait les quantités nécessaires (les besoins) des différentes espèces de biens dans l'état de production unitaire des socialistes. Le besoin est la plus puissante force d'impulsion de l'économie. Dans la balance de la production et de l'échange il est le poids qui fait pencher le plateau du maintien et du renouvellement matériel du corps social et de tous ses organes comme aussi de tous ses éléments.

Actuellement, le besoin social est déterminé par la somme des demandes des ménages isolés. Chacun les établit, en ce qui le concerne, et fait sa demande aux commerçants chez lesquels les besoins isolés se rencontrent formant une part de la demande générale; le commerce dans son ensemble, supportant toute la demande, attire à lui la somme sociale générale de tous les besoins individuels. C'est la demande qui fait valoir l'ensemble des besoins en face de l'offre de la production sociale. D'autre part l'offre des richesses et des matériaux d'entretien et de renouvellement est également représentée par le commerce, car les offices divers de la production morcelée en régime de libre concurrence, ont passé au commerce leurs produits pour l'échange ultérieur.

Dans l'économie individualiste-libérale d'aujourd'hui, la détermination des besoins individuels est absolument libre et la satisfaction de ses besoins n'est limitée que par la concurrence d'achat, en vertu de laquelle celui qui paie mieux accapare plus tôt les marchandises et refoule en arrière celui qui désire consommer sans être en état de payer autant.

La *libre détermination* des besoins est certainement la base fondamentale de la liberté en général.

Si les moyens d'entretien et d'instruction étaient mesurés d'après une règle prise en dehors de l'individu, personne ne pourrait vivre ni s'instruire, d'après les exigences de son individuabilité : il n'y aurait plus de liberté.

C'est pourquoi on se demande si le socialisme abolit ou non la liberté individuells de la détermination des besoins. S'il l'abolit, il est hostile à la liberté, à toute individualisation et par conséquent, il est contraire à la civilisation et il ne pourra jamais satisfaire les impulsions les plus enracinées de l'homme.

Pour répondre à cette question, il faut dire d'abord que le socialisme a fait tout son possible pour se faire repousser. Ses écrivains à l'imagination riche ont parlé, il est vrai, de la *variation* des jouissances, mais non pas de la liberté individuelle du ménage, c'est-à-dire de la sphère dans laquelle l'individu se replie sur lui et sur ses proches pour échapper aux tracas des affaires publiques, politiques et économiques, et pour sentir comme individu, s'instruire et se mouvoir librement.

Quelques socialistes ont promis au prolétariat un luxe collectif, presque royal, consistant en fêtes publiques, jouissances artistiques, etc., mais ils ont à peine laissé une petite place au ménage privé, à la liberté des besoins individuels, et à l'agréable confort d'un intérieur (1).

Il est possible que cette conception ne soit qu'un accessoire, une de ces exagérations qui accompagnent ordinairement les nouvelles idées à leur début, comme on en a un exemple dans les romans utopiques (Staatsromane) de tous les temps. C'est pourquoi nous nous occuperons spécialement des conclusions qui découlent logiquement du principe fondamental du collectivisme.

---

(1) La critique de Schäffle est exagérée ici. Fourier, qu'il vise surtout dans ce passage, laissait absolument intacte la libre détermination des besoins par les individus eux-mêmes. Il sacrifiait le ménage dans le sens matériel du mot, c'est vrai, mais parce que, selon lui, les ménages morcelés ne pourraient pas satisfaire les besoins des intéressés. Seuls les communistes de la vieille école autoritaire prêtent le flanc à la critique de Schäffle sur ce point spécial. (Note du traducteur.)

Nous trouvons toujours que d'énormes bouleversements devraient s'accomplir dans la formation du besoin social. Les grands rentiers de toutes sortes cesseraient d'exister; ainsi la consommation du luxe privé deviendrait excessivement restreinte; en échange le luxe des établissements publics s'étendrait toujours plus, et les masses auraient un droit à des divertissements et à une instruction plus élevés.

Mais de l'abolition de la propriété privée des moyens de production il ne résulte ni l'abolition de la liberté du choix en ce qui touche les besoins individuels, ni l'abolition de la vie de famille, ni l'abolition de la libre sociabilité privée.

La production collective organisée d'une manière indépendante en corps de métiers pourrait très bien admettre aussi une statistique journalière, hebdomadaire, mensuelle, semestrielle, annuelle, des besoins individuels et familiaux, du genre de celle qui se fait aujourd'hui; et d'après cette statistique résultant de la libre manifestation des besoins la production nationale pourrait se régler en ce qui regarde la qualité et la quantité des produits.

On peut même dire que les oscillations des besoins seraient bien moins grandes que dans l'état actuel, car dans l'état socialiste, le prolétariat et la ploutocratie ayant disparu, l'ensemble du peuple constituerait un état moyen ayant des besoins uniformes. Il est bien vrai qu'il devrait y avoir des entrepôts de réserve pour l'équilibre entre l'offre et la demande des produits, mais ces entrepôts existent actuellement, sous la forme de magasins commerciaux.

Il est vrai anssi que l'Etat pourrait radicalement éliminer les besoins que lui paraîtraient nuisibles, en ne produisant plus pour eux ; c'est pourquoi les *végétariens*, Baltzer entre autres, tendent vers le socialisme. Mais ce n'est pas une chose mauvaise (Schattenseite) que d'éloigner du corps social les produits falsifiés et nuisibles. Pour éviter l'abus dans cette œuvre d'épurement (et les fous sectaires *temperanciers*), il n'y aurait qu'à s'en rapporter au sens puissant et généralement si développé de la liberté individuelle.

En somme il n'y a aucune raison de conclure que, la production étant socialement réglée et unitaire, la détermination des besoins doive l'être aussi et que, dans cette matière aussi, l'État doive procéder d'office. Nous insistons énergiquement là-dessus, car si le socialisme voulait abolir la liberté des besoins individuels il devrait être regardé comme l'ennemi mortel de toute liberté, de toute civilisation, de tout bien-être intellectuel et matériel. Tous les avantages qu'apporte avec lui le socialisme ne compenseraient pas la perte de cette liberté fondamentale.

C'est pourquoi en abordant le socialisme, il faut d'abord l'examiner à ce point de vue. S'il donne inutilement à son principe de production un corollaire pratique de nature à mettre en danger la liberté de maintenir un ménage individuel, il est inacceptable, quoi qu'il puisse promettre et nous offrir en effet. L'ordre des choses actuel, malgré ses difformités, est encore dix fois plus libre et dix fois plus favorable à la civilisation (1).

Passons maintenant de la catégorie des *besoins* aux catégories de la *production*, et, de la

---

(1) J. S. Mill, dans ses *Principes d'Économie politique*, après avoir vivement critiqué le communisme autoritaire, ajoutait : « Si cependant il fallait choisir entre ce communisme avec ses chances et le maintien indéfini de la société actuelle, je préférerais encore le communisme. » J. S. Mill avait raison : une organisation égalitaire, quelle qu'elle soit, serait supérieure au brigandage social régnant qu'illustrent tant d'oppressions, tant d'iniquités, et tant de souffrances. (Note du traducteur.)

circulation, au capital *productif et circulant.*

Nous avons vu jusqu'ici que c'est justement dans ce domaine que le socialisme étend son action la plus transformatrice. Il ne doit plus y avoir de capitaux privés, par conséquent plus de concurrence de capitaux privés, l'un et l'autre doivent disparaître graduellement ou subitement, sauf quelques vestiges insignifiants.

Ils sont remplacés par une organisation publique, juridique, du travail national socialement ordonné et reposant sur la collectivité des capitaux productifs, par un système analogue d'emmagasinage et de transport des produits qui sont ensuite délivrés aux individus dans la mesure du temps de travail (porté dans le livre) qu'ils auront consacré à la production sociale et d'après un prix exactement calculé sur les frais moyens de production.

Cette organisation du capital et du travail serait évidemment incompatible avec le maintien de la spéculation, des entreprises privées, du marché, de la Bourse, de l'emploi de l'argent monnayé, des rentes privées de toutes sortes; et de cette incompatibilité le socialisme se fera le plus grand mérite.

Pour les esprits habitués aux conditions sociales présentes, ces conséquences du système socialiste particulier de production seront tellement inconcevables qu'il est utile de les examiner ici en détail.

Il y a un point que nous devrons préalablement élaguer, car pour en parler avec détail il faudrait connaître la théorie socialiste de la valeur : c'est la manière dont on intéresserait les individus à l'économie dans l'état socialiste.

Occupons-nous, avant tout, de l'organisation de la production et de la circulation des richesses.

Les établissements de communication également nécessaires à la production et à la circulation seraient publics, comme déjà, pour la plupart, ils le sont aujourd'hui. Pour une part, ils serviraient à faciliter les voyages et la correspondance des individus comme actuellement; chacun pourrait acquérir des billets et des timbres, par son travail.

Toute communication *d'affaire* serait au contraire une communication des établissements publics de production, et consisterait en transports sociaux des forces de travail, des matières premières, des matières préparées et des produits achevés, le tout se mouvant entre les établissements publics de production et les magasins de livraison, sous une direction unitaire.

Une rétribution particulière pour les transports généraux ne serait pas concevable; car la société entière fournit et complète le capital nécessaire pour les établissements de communication; elle indemnise le personnel des transports en lui délivrant des bons sur les magasins publics, selon la qualité et la durée du travail.

Le contrôle de cette organisatior des transports ne concernerait que le chargement régulier, la recherches des voies les plus directes et les moins coûteuses, la livraison bien exacte sous le rapport de la quantité, le soin et l'exploitation complète des moyens de transport, et enfin la comptabilité des frais.

Tout ceci est encore très concevable au point de vue des idées actuelles, car divers établissements de transports sont déjà publics et centralisés, comme par exemple les postes et les télégraphes, ainsi qu'une partie des chemins de fer. Presque tout le monde en est satisfait.

Mais il est beaucoup plus difficile de s'imaginer l'action socialiste dans la production des matières premières et la production industrielle.

C'est pouvoir nous allons faire précéder les développements ultérieurs de quelques considérations négatives :

Il n'est pas nécessaire que le socialisme transforme immédiatement et tout d'un coup la production privée en production sociale, en fabrique d'État, et toutes les directions de la production en administrations économiques sociales. Il peut, dans cette œuvre de réorganisation, procéder graduellement et transformer l'une après l'autre les branches productives en établissements administratifs, territorialement réorganisés, de la production sociale unitaire, devant bientôt embrasser toute l'activité nationale.

Les produits du travail social seraient jetés sur le libre marché ou livrés à un taux proportionnel à la matière employée et au travail incorporé. Le montant serait partagé entre les travailleurs publics lesquels, dans leur travail, auraient intérêt à se contrôler et à se discipliner eux-mêmes. Rien que la partie socialisée de la production, au moment donné, formerait un corps de capital et de travail solidaires, auquel les travailleurs seraient libres, jusqu'à nouvel ordre, de se joindre ou non, dans certaines branches de production, du moins. Dans beaucoup de domaines de production, on pourrait laisser, jusqu'à nouvel ordre, les travailleurs libres d'entrer ou non dans l'administration nationale ; la plus grande force attractive des établissements socialisés devrait consister dans les avantages réels qu'ils offriraient.

Il ne serait nullement nécessaire que chaque genre de production fit partie de l'administration sociale productive : par exemple, la production pour son propre entretien pourrait parfaitement exister séparément en principe, a la condition qu'on ne pourrait pas vendre à d'autres.

Les travaux et les services incentralisables, à cause de leur caractère personnel, comme la médecine, les arts, pourraient même être laissés à la concurrence libre, et seraient payés par les clients à l'aide des bons de travail, ou bien l'indemnité privée pour ce genre de service pourrait être combiné avec le système déjà existant des émoluments publics. Cette manière d'intéresser les individus à leur profession spéciale touchant les services personnels où le capital ne joue aucun rôle important est bien compréhensible. Seulement les services personnels qui nécessitent un grand capital devraient être transformés en fonctions publiques et salariées, en administrations de capitaux publics. Ces derniers remplissent déjà aujourd'hui des fonctions sociales dans l'État, l'école, la commune.

En général, le procédé socialiste de production n'est pas quelque chose d'entièrement nouveau, mais une simple généralisation des établissements et des services publics.

C'est pourquoi on prête singulièrement le flanc à la critique socialiste lorsqu' . dit : le socialisme repousse en principe l'État et la Commune.

Il est plutôt la généralisation du principe par excellence des États et des communes ; il représente l'idée d'une fonction publique s'étendant jusqu'à la production sociale entière.

Certes, réalisable ou non, le principe collectiviste est idéalement un principe social. Il transmet le procédé de production, non pas à l'action inconsciente de la concurrence anarchique, mais à une organisation unitaire (tout en restant encore assez autonome).

C'est pourquoi les partisans de cette réforme prennent le nom de *socialistes*, c'est pourquoi ils condamnent l'économie politique bourgeoise comme anarchiste, comme dénuée d'unité, comme insociale, comme purement individualiste et comme impuissante contre les abus.

Quiconque connaît quelque peu la littérature socialiste, s'abstiendra de reprocher aux socialistes d'être des ennemis de l'État et des fomentateurs de passions anti-sociales, car ces reproches sont justement ceux que font, avec plus de raison, les socialistes à leurs adversaires libéraux.

Pour le socialisme réalisé, le suffrage universel n'est pas absolument nécessaire; sans doute, pendant l'époque transitoire de sa lutte avec le libéralisme, le socialisme ne renoncera pas à ce suffrage. Mais quand l'organisation unitaire du travail sera devenue une réalité, ce sera justement l'État socialiste qui possédera, à un plus haut degré, ce solide engrenage *organique* qui a été le propre du moyen âge.

Dans l'État libéral-individualiste, la représentation organique des États peut beaucoup mieux être simulée par un semblant de constitution et par un système représentatif trompeur et apparent.

L'engrenage organique est beaucoup plus étranger en principe à l'État individualiste libéral, qu'à l'État socialiste; cela est palpable. Aussi le socialisme le sait-il exactement, si peu qu'il puisse s'occuper encore de sa constitution définitive.

L'idée d'organiser collectivement la production n'est pas non plus contraire à l'État en général, et sur ce point il faudrait cesser de continuer dés phrases évidemmnnt insoutenables.

Toute centralisation de l'Etat libéral vient plutôt en aide au socialisme et lui est, pour ainsi dire, congénère.

L'œuvre capitale de philosophie du droit de Lassalle, le *système des droits acquis* se résume dans l'idée politique qu'aucune fonction sociale ne doit être l'objet d'une domination privée ; que la domination privée sur la production sociale au moyen du capital est exactement aussi antisociale et féodaliste qu'autrefois la domination héréditaire des féodaux sur l'Etat.

Une autre conception qui est très répandue et qui n'est pas plus juste est celle-ci : on dit que les désavantages connus des systèmes actuels de régie seront généralisés avec le socialisme.

Puisse-t-on ne pas trop se reposer sur cet argument !

D'abord il existe déjà des travaux de régie qui sont plus économiques, ou du moins tout aussi économiques que l'industrie capitaliste ; tels sont les postes, les chemins de fer d'Etat, les télégraphes, les établissements communaux pour les conduits d'eau et de gaz, etc.

En outre, les socialistes peuvent alléguer que les travaux de régie de l'Etat individualiste-capitaliste et les travaux organisés de l'Etat socialiste partent d'idées totalement différentes.

Il est sûr que maintenant les directeurs et les travailleurs des fabriques de l'Etat n'ont aucun intérêt à produire économiquement pour le bien de l'Etat ; qu'ils travaillent bien ou mal, l'Etat leur donne la solde convenue. Il en serait autrement si chacun recevait d'autant plus que tous les autres travaillent davantage dans toutes les branches de la production. Alors le travailleur s'intéresserait au plus haut degré à l'ensemble de toutes les branches industrielles. Le contrôle économique et la discipline du travail qui deviennent toujours de plus en plus impossibles au régime de production capitaliste, et que cette lacune rend de plus en plus instables, seraient dans l'Etat socialiste beaucoup mieux garantis par des primes communes, car chacun, en ce qui regarde la perception de sa rémunération et de sa prime, serait intéressé à ce que le paresseux et le mauvais travailleur ne reçoivent pas une solde complète. Chacun serait intéressé à ce que les frais de travail en moyenne soient le plus bas possible, car d'après ces frais serait déterminé le prix des produits sociaux, et on pourrait pour une quantité donnée de bons de travail en avoir d'autant plus que les frais sociaux de chaque genre de richesses seraient moins élevés.

Cet argument est très valable, surtout en ce

qui touche la critique du mauvais système de régie de l'état actuel, où la forme *sociale* n'est qu'une exception, et par l'exemple duquel on ne peut rien conclure sur le résultat économique d'une industrie sociale qui sera généralisée, et dont les avantages généraux seront liés aux intérêts privés de chacun. En un mot, l'observateur sérieux et impartial ne peut pas se contenter de cette réfutation courante du socialisme, en vertu de laquelle celui-ci ne ferait que généraliser les inconvénients des entreprises actuelles de régie. Il faut au contraire bien recommander aux partisans de l'ordre social existant de ne pas se contenter de cela.

La question principale est toute autre, la voici :

Le socialisme sera-t-il jamais en etat de réaliser aussi sur son terrain, au même ou à un plus haut degré, cette grande vérité psychologique et cette fécondité économique du principe individualiste, d'après lequel l'intérêt privé poussé à l'accomplissement des fonctions de la production sociale ?

Nous considérons cette question comme décisive quoique nullement décidée encore ; c'est d'elle que dépendra, à la longue, la victoire ou la défaite du socialisme, la réforme ou la ruine de la civilisation occasionnée par lui au point de vue économique, et c'est pourquoi nous voulons l'éclairer de quelques rapides critiques, quoique notre tâche la plus immédiate devrait être seulement de constater d'une manière concrète la quintescence, le contenu du socialisme.

Nous faisons d'abord observer que dans sa *formule actuelle* le socialisme doit encore nous indiquer comment il amènera, dans ses plus petites ramifications, une si vaste organisation de capitaux et de travail à un échange harmonique et fécond de *rapports individuels.*

D'un seul centre on n'arrivera ni par la pénalité, ni par l'appel au peuple et à ses devoirs, ni de toute autre manière à obtenir que dans le cercle d'une production unitaire, chacun produise *le plus de richesses possible* avec *le moins de frais possible*, c'est-à-dire que l'on produise partout économiquement, que personne ne gaspille ni le temps ni la matière première, ou même n'emploie cette dernière sans ménagement aux dépens de la production d'ensemble ; que dans chaque section productive les moyens de production soient toujours renouvelés à temps et d'une manière féconde, tant au point de vue technique qu'au point de vue quantitatif ; que le travail, dans ses qualifications diverses, soit estimé à sa juste valeur ; que tous les employés de la production sociale, jusqu'aux *omniarques* de Fourier, n'exploitent pas davantage ; que la plus-value ne soit plus engloutie, et qu'à l'encontre de ce qui se passe dans la société capitaliste actuelle, la spoliation ne soit plus pratiquée.

Il ne suffit pas encore, dans une communauté de production, composée de millions d'hommes, que le producteur *A* sache se dire : mon revenu de travail social dépend de ce que mes autres 999,999 coopérateurs soient aussi appliqués que moi. Ceci n'éveille pas encore le contrôle nécessaire, n'étouffe pas le penchant à la paresse et à la malhonnêteté, n'empêche pas le détournement du travail au préjudice de la communauté, ne détruit pas l'égoïsme et la ruse qui se manifestent par la taxation exagérée et injuste des travaux isolés.

Le socialisme devrait amener chaque individu isolé à prendre part aux travaux dans son intérêt privé, au moins aussi puissament que cela a lieu dans la société actuelle. Il devrait savoir récompenser chaque section isolée pour les travaux collectifs extraordinaire et faire porter à chacun la peine de ses négligences ; il devrait également, et mieux encore, savoir distinguer les progrès techniques particuliers et récompenser les mérites individuels. Il devrait aussi savoir diriger les nombreuses forces de travail en les utilisant toujours de la manière la plus productive, non pas par l'autorité du commandement, mais par la force de l'intérêt individuel.

S'il ne remplit toutes ces conditions, le socialisme arriverait à peine à une répartition plus juste du produit national, et il ne pourrait probablement pas arriver à une production sociale plus économique que la production qu'a atteinte en moyenne l'économie capitaliste par la surexcitation de l'intérêt privé et par la mesure des prix, non seulement d'après la somme des frais, mais aussi et surtout d'après la valeur spéciale technique du temps et du lieu des travaux et des richesses isolés.

Nous sommes bien loin de penser que le socialisme ne puisse y arriver. La discussion scientifique sur cette grave question ne fait que commencer (1). Mais ce qui doit être soutenu avec calme, c'est que :

Aujourd'hui le programme socialiste n'offre

---

(1) Voir aux passages les plus saillants *Schäffle* « *Gesselschaftliches Sxstem der menschlichen Wirthcshaft* » dritte Auflage, 1873. (Aussi *Bau und Leben des socialen Korpers*, 3 Bd.)

core ces garanties ; il n'a pas encore la d'idées voulue sur l'organisation nécessaire de la *concurrence* DU TRAVAIL, et cependant il est hors de doute que si la puissante impulsion de la concurrence capitaliste vient à manquer, l'émulation du TRAVAIL devrait devenir d'autant plus forte. d'autant plus concentrée et d'autant plus digne.

Il est très sûr que la théorie socialiste de la valeur — en tant que, dans la détermination de la valeur des richesses (Guterwerth), elle ne prend en considération que les frais sociaux et néglige totalement la valeur d'utilité qui varie selon le temps, le lieu et la chose — est complètement incapable de résoudre d'une manière réellement économique le problème de la production collective posé par le socialisme.

Aussi longtemps que le socialisme n'offrira rien de plus positif à ce sujet, il n'aura pas d'avenir. Avec son idée d'arriver à un plus juste partage des produits, — idée dont les désavantages possibles ne peuvent pas encore être pratiquement saisis — en donnant un procédé de production qui, avec beaucoup d'inconvénients, contient aussi assez de garanties économiques, le socialisme, disons-nous, ne pourra pas réussir à l'amiable, et s'il veut employer la fo i savoir échouera encore longtemps. l en les

Si, au contraire, le socialisme parvient roduc- son principe incontestablement plus unitaire ent, consciemment social, et son extirpation radicale de l'usure et des monopoles particuliers, avec les avantages généraux de l'intérêt privé et du contrôle général libre dans l'accomplissement des fonctions sociales, et par conséquent à conserver tout le bon côté de l'ordre existant, il triomphera sûrement, bien que dans un temps ultérieur.

Alors toutes les acquisitions de la civilisation, la centralisation dans l'État, la nature des rapports modernes qui tendent à la plus complète centralisation, la tendance générale à la production en gros et à la concentration des forces mécaniques, l'union des travailleurs dans la grande industrie et leur indiscipline croissante vis-à-vis des entrepreneurs capitalistes, seraient pour lui de puissantes voies préparatoires. Mais c'est alors précisément qu'il devrait se défaire de ce qui le rend si effrayant aujourd'hui. Alors il se présenterait en effet comme une phase du développement qui ne veut rien détruire, mais qui accepte tous les fruits mûrs de la civilisation, pour une fécondation ultérieure plus élevée.

Pour en arriver là, il faut parcourir une voie bien longue, mais il n'y a aucune raison pour déclarer que cet affinage soit impossible. S'en occuper sérieusement est au contraire une des tâches les plus grandes et les plus conservatrices et il n'y en pas de plus décisives pour les destinées futures de l'humanité.

Tout en nous réservant de coopérer à la solution de cette question dans ses détails, nous retournons à notre sujet le plus immédiat, et nous continuons à rechercher les conséquences du principe fondamental du socialisme.

Le mode socialiste de production est, retenons-le bien, forcément unitaire. Si cette unité devrait prendre une forme centraliste ou fédéraliste, absolutiste ou démocratique, s'il serait possible de rendre partout et toujours économique une production aussi unitaire, sur toutes ces questions-là nous pouvons passer pour le moment.

Le socialisme agitateur d'aujourd'hui a bien des lacunes sous ce rapport. Il ne s'est pas dépouillé complètement des erreurs du vieux communisme qui, en poétisant trop exclusivement l'ineffaçable impulsion de l'homme à la fraternité et à l'amour de la chose publique, a vraiment prêté au ridicule.

Mais, quant à la nécessité de la forme sociale,

et par conséquent unitaire de la production, le socialiste doit y tenir en principe, l'anarchie de la concurrence individualiste étant, d'après son principe, la source de tous les maux, de toutes les tromperies, de toute la désorganisation, de toute l'instabilité, de toutes exploitations et iniquitée de la société actuelle.

L'état socialiste ne sera réalisé que lorsque les moyens de production sociale seront propriété collective. Ceci doit être observé surtout quand on veut comprendre la tiédeur des socialistes, conscients de leur but, vis-à-vis de la coopération petite-bourgeoise d'un Schulze, de la participation des ouvriers aux bénéfices, et des conseils de prud'hommes, comme aussi vis-à vis du systèmo, également anarchiste, des groupes autonomes de production et de capitaux, des groupes qui n'ont entre eux aucun lien unitaire et se rencontrent sur le pied d'un simple contrat (tels que le sont les groupec anarchistes proprement dits).

De pareils efforts sur le terrain de la concurrence privée supposent toujours un mode de production morcelée, une lutte anarchiste des intérêts privés entre ouvriers et patrons, entre ouvriers laborieux et paresseux, entre associés et non associés, entre associations productives florissantes et autres moins florissantes.

Le socialiste conscient ne s'intéresse à tous ces efforts qu'autant qu'ils peuvent être utiles au groupement des travailleurs, à l'accumulation des moyens de production et au développement de la conscience de l'intérêt collectif. Quant au reste, il hausse les épaules.

Il faut bien examiner tout ceci pour comprendre la tiédeur ou plutôt l'indifférence d'un K. Marx envers ces réformes. Les moyens de production doivent être pour le socialisme propriété collective ; ce n'est qu'alors que le travailleur pourra recevoir des moyens de consommation proportionnels à son travail.

CHAPITRE IV

Suppression des capitaux de prêt, du crédit, des fermages, des loyers, de la Bourse, etc.

Le principe du socialisme est opposé non seulement au maintien de la propriété individuelle des moyens de production privés directement administrés, c'est à-dire des entreprises privées (affaires individuelles, sociétés d'actionnaires et autres associations des capitaux privés), mais encore de la propriété individuelle de sources *indirectes* de rentes, en un mot, de tout le système de crédit, le prêt, de loyers et de fermage, des capitaux privés *de prêt*.

Le crédit d'Etat et le crédit privé, et les capitaux de prêt en général n'ont pas leur raison d'être dans l'Etat socialiste, et en effet le socialisme veut radicalement mettre fin aux dettes d'Etat et aux dettes privées, au système de loyers et aux rapports de fermage, comme aussi à tous les titres de Bourse du monde.

Ce qu'il peut faire de mieux, c'est de consentir au rachat de ces titres à l'aide d'un certain nombre de quote-parts de *moyens de jouissance.*

Il repousse toute aristocratie *permanente* héréditaire passée sur la richesse et les rentes, qu'elle soit noblesse foncière ou financière. Il admet seulement une aristocratie du mérite personnel et universellement reconnue.

Pour bien comprendre ce bouleversement qui, à lui seul, donnerait à toute la vie sociale d'aujourd'hui une tout autre physionomie, on n'a qu'à se pénétrer de nouveau de l'idée fondamentale du socialisme.

La communauté serait le propriétaire général et le rénovateur de tous les moyens sociaux de production, elle serait le capitaliste général! Comment, dans un tel état de choses, une transmission privé du capital à titre de prêt, c'est-à-dire un crédit productif, pourrait-il être fourni a des entrepreneurs privés?

Il n'y aurait plus ni capitaux privés, ni entreprises privées.

Le crédit de consommation ne pourrait être accordé que par la communauté, pour mettre les individus à l'abri du besoin et seulement comme une avance sur le travail futur du délibérateur.

Dans l'Etat socialiste qui s'en fait un mérite,

il n'y a pas d'autre crédit de consommation, et par conséquent point *d'emprunts usuraires*, à la charge des nécessiteux. Ce serait, nous le répétons, la communauté qui, dans certaines limites, ferait des avances à ceux de ses membres qui en auraient besoin soit pour leur consommation proprement dite, soit pour leur instruction. Ces avances seraient portées à la charge de leur compte de travail social.

La communauté garantirait aussi les épargnes, c'est-à-dire donnerait des assurances pour l'avenir, en tant que l'individu voudrait réserver une partie de son actif de travail.

Ainsi l'assurance personnelle ne serait pas exclue; mais elle ne pourrait plus être basée sur des revenus d'intérêt, ni sur des spéculations d'établissements financiers, mais sur des garanties sociales pour l'actif de travail qu'on se réserverait pour l'avenir, et qui ne porterait pas d'intérêts.

Il n'y aura plus de fermage, attendu que les fermes sont des moyens de production et seraient propriété collective.

On ne pourrait plus louer des magasins, attendu que le commerce privé spéculatif aurait cessé d'exister. Le louage des logements serait aussi supprimé, attendu que dans l'état socialiste toute perception de rentes sur les terres et les maisons devrait être absolument supprimée, comme on l'a déjà proclamé à Bâle il y a dix ans, et qu'on ne pourrait mettre de l'ordre et de la stabilité en matière de domicile (Wohnungswesen) que lorsque le peuple serait exempt des charges usuraires des loyers et que les logements seraient organiquement et systématiquement inhérents au lieu de l'occupation professionnelle.

Le crédit de l'Etat deviendrait superflu, car tout ce qu'on lui accordera comme besoins extraordinaires, pourrait tout aussi bien être pris en substance dans les réserves publiques avec l'autorisation du peuple.

On conviendra que toutes ces déductions sont des conséquences sévères du principe fondamental. Elles sont, en partie, plus ou moins clairement exposées, plus ou moins entrées dans le domaine du socialisme.

Or, qu'on se figure qu'il n'y a plus ni actions, ni papiers d'Etat, ni lots, ni priorité, ni hypothèques, ni titres de rentes privés, ni bail de fermage, ni revenus de louage! Il est bien évident que cette abolition radicale de tout bulletin des cours, transformera complètement toute la vie sociale d'aujourd'hui.

Une incision profonde serait faite, non seulement dans les rapports de propriété et de revenu, mais aussi dans le genre de consommation et de besoin, dans les consommations et les productions de luxe : les besoins seraient considérablement nivelés. Entre autres il n'y aurait plus de Bourse.

Naturellement, le socialisme ne tient pas compte de l'objection que tout ceci met en péril l'avenir des classes instruites et possédantes ; il oppose à cette objection le droit égal des successeurs des prolétaires à la propriété, à l'instruction et aux jouissances de la vie. Il promet à tous ceux qui veulent travailler un bien-être moyen, sans exclusion d'une meilleure récompense pour les mérites *personnels*.

En résumé, le socialisme ne peut pas en principe admettre plus que le rachat des titres de rentes par une quantité donnée de moyens de consommation, divisée en annuités, pendant l'époque de transition. Mais il *veut* radicalement mettre fin aux monstrueux abus du crédit public et privé et au règne de la chevalerie impure et pillarde des boursiers.

CHAPITRE V

Abolition du commerce en marchandises, du marché, des annonces et des réclames.

Mais ce n'est pas tout. Il faut dire que le socialisme, partant de son principe, ne saurait donner place à aucun *commerce* privé, à aucun *marché* et que même le *numéraire métallique* devra disparaître, au bout du compte, pour faire place aux *bons de travail*.

Dans ces conditions, *un capital privé de commerce* ne serait plus concevable.

Le commerce actuel (privé, spéculateur) est évidemment la conséquence du mode de production privée et de la concurrence.

L'ensemble de la production sociale, agricole et industrielle étant divisé aujourd'hui en innombrables établissements privés, le lien unitaire manque à la totalité de cette production et ce lien est remplacé par le capital commercial qui prend les produits d'un établissement pour les livrer à un autre et finalement au consommateur.

Chacun de ces actes de vente et d'achat doit nécessairement être indemnisé, car les particuliers qui, par intérêt privé, s'occupent de la circulation des richesses, n'y sont engagés que par la concurrence d'autres capitaux privés de la place ; ces particuliers, disons-nous, doivent, par le fait, trouver une rémunération *particulière.*

Mais qu'on se figure la production *privée* capitaliste abolie ; cette production morcelée remplacée par la production collective unitairement organisée, et les ventes et les achats, le commerce et le marché, l'évaluation et le payement en argent deviennent superflus. Ils deviennent même impossibles dans le domaine de l'économie socialiste. Ce n'est que dans les rapports avec les États capitalistes, ou avec les débris capitalistes de l'ordre bourgeois, que l'excédent des valeurs d'exportation et d'importation et du commerce d'échange intérieur devrait être balancé en argent. Dans l'État socialiste lui-même l'usage de l'argent monnayé ne serait nécessaire qu'autant que le principe de la collectivité des capitaux et de la production ne serait pas universellement et exclusivement appliqué.

Observons encore la chose de plus près, pour voir plus clairement pourquoi le socialisme veut justement et même doit mettre radicalement fin au commerce, à l'emploi de l'argent monnayé, au marché, à la concurrence commerciale et, avant tout, à la Bourse.

Que le socialisme le veuille, quiconque le sait qui connaît d'un peu plus près, et non par ouï-dire, les puissantes attaques du socialisme contre la Bourse, le commerce et l'argent.

Déjà la critique sociale de Fourier s'étendait principalement sur ces points.

Qu'on s'imagine la principale direction de toutes les affaires de la production centralisée sur un point économique quelconque, qui embrasserait des foyers plus nombreux de production et de débit (il importe peu que cette direction supérieure soit concue dans le sens du socialisme, ou centraliste. Dans ce cas les points centraux de l'organisme économique seraient aussi le théâtre d'un grand mouvement de produits, passant d'un degré de production à l'autre et allant aux consommateurs). Il devrait y avoir un vaste système de transports, d'entrepôts et d'emmagasinage pour la distribution de chaque genre de production à toutes les catégories de besoins, à temps et en quantité voulus, en raison de la mesure des besoins publiquement manifestés dans toutes les branches de consommation.

Les travaux de transports et d'entrepôts qui accompagnent le commerce actuel devraient également accompagner la circulation de l'État socialiste au moyen des comptes rendus et d'une comptabilité spéciale pour régler la balance entre les diverses branches du travail.

Mais cette circulation ne pourrait plus être un *acte privé*, d'un caractère professionnel, ni un *échange*, et elle n'entrerait plus dans la catégorie du commerce et dans la série des ventes et achats formant la chaîne continuelle des échanges *privés*. Le commerce disparaîtrait, il deviendrait réellement... superflu.

Le lien entre les affaires de production, qu'on ne peut établir dans le mode de production morcelé, capitaliste et spéculateur que d'une manière privée, serait unitairement et socialement établi dans une administration économique, à l'aide d'un système de transports et d'entrepôts publics. La concurrence des capitaux de commerce et de spéculation est alors non seulement superflue, mais... inconcevable.

Il y aura bien dans le nouvel ordre un large débit social des ***produits***, mais il n'y aura plus de trafic de ***marchandises***, dans un but de spéculation. Les produits débités seraient bien des richesses de roulage et des approvisionnements, mais ils ne seraient plus des objets de spéculation et d'échange privé, en un mot ils ne seraient plus marchandises.

Telle est la signification de la démonstration socialiste, selon laquelle la *forme marchandise* des richesses ne présente qu'une *catégorie historique*, propre au mode actuel de production individualiste, catégorie qui n'a nécessairement aucune place dans un mode quelconque de production vraiment *sociale* et que, par conséquent, le futur État socialiste doit ignorer, comme l'a toujours ignorée l'économie patriarcale, féodale, la commune rurale des Indiens, et comme elle est encore actuellement inconnue dans l'économie familiale.

Par conséquent, avec la *marchandise*, le *commerce* et le *profit de commerce*, on verra tomber aussi le *marché* et la *Bourse*.

La Bourse, parce que le système de crédit serait aboli, comme nous venons de l'expliquer.

Le marché des marchandises disparaîtrait pour une autre cause :

Le marché de spéculation a trois buts principaux :

1) Détermination sociale du total des besoins pouvant être satisfaits par des produits économiques.

2) Détermination de la quantité et de la qualité demandée des productions qui sont du ressort économique.

3) Production continue d'une valeur d'échange qui maintient l'équilibre économique de la production et de la consommation.

Ces trois destinations principales du marché n'auraient non plus aucune raison d'être dans le nouvel ordre.

Les administrations de débit relèvent la somme des besoins, et divisent d'après elle le travail national, entre les différents genres de travaux et entre les corporations de production, de transport, d'entrepôts et de leurs administrations, et elles fixent la valeur des produits d'après la mesure *du temps socialement nécessaire à leur production* (K. Marx).

La valeur ainsi réglée, les produits seraient distribués contre les bons de travail de tous les producteurs. Le marché de spéculation serait donc superflu, car nous le répétons encore, ce marché n'est qu'une conséquence du mode de production individualiste qu'il pousse dans les voies économiques d'une manière mécanique et chancelante, sous la pression de la concurrence universelle de tous les intérêts privés; mais il n'aurait aucun but dans le domaine d'un mode de production unitaire collectiviste.

Avec le commerce de spéculation tomberait également de lui-même tout le système de *corruption économique de la presse.*

Comme c'est la communauté qui forme la *valeur d'échange* unitaire ou plutôt le taux des valeurs sociales, la presse n'aura là-dessus aucune influence, elle ne pourra plus agir sur les prix et sur les cours. Bien plus, elle-même ne pourra plus être un objet de spéculation. Sa liberté ne pourra être fondée que sur l'appui des associations, et elle devra élaguer de son texte les insertions et annonces de spéculation; ces annonces mêmes n'auront plus de raison d'être.

Les israélites du socialisme font donc — que l'on compare surtout les examens de Lassalle sur le prolétariat de la plume — au *judaïsme de la presse* un procès aussi radical qu'au judaïsme du commerce et de la Bourse; il n'y a pourtant pas ici de haine nationale.

Ces trois judaïsmes ont pris racine sur le terrain de l'économie de concurrence et de spéculation et ont grandi avec elle.

Bien d'autres choses disparaitront encore d'une manière analogue. Tout le mode coûteux et luxueux d'annonces et d'étalages, avec les taux énormes des loyers de boutiques et de magasins, s'effronderont, entraînant avec eux le commerce en gros et en détail, la concurrence commerciale et les intermédiaires stériles et parasites.

On le voit, la transformation serait complète.

CHAPITRE VI

Abolition du numéraire métallique comme moyen d'échange et le remplacement de cette mesure comparative des valeurs par les unités de temps du travail social (monnaie-travail). — La taxe des valeurs dans l'État social, en regard du prix de marché actuel.

On connait les attaques énergiques du socialisme contre l'argent monnayé; dans l'ordre socialiste ce dernier aurait la même destinée que le commerce.

Qui, dans notre époque économique basée sur l'argent, pourrait facilement se transporter en pensée dans un état économique où la circulation des travaux divers et des produits se ferait sans le secours de la monnaie? Et cependant nous trouvons dans l'histoire que l'argent n'a été intérieurement employé dans aucun cercle économique particulier. Dans l'État socialiste également, l'argent ne doit pas plus être employé qu'il ne l'est aujourd'hui pour les rapports intérieurs, dans l'économie de la famille.

Les socialistes, comme il a déjà été dit, font ressortir comme désavantage de l'emploi de l'argent, qu'il masque et favorise l'exploitation du travail. Le salaire-argent comme compensation du travail accompli cache ce fait que le travailleur ne reçoit pas en argent l'équivalent complet de son travail et que, son entretien prélevé, il doit laisser la plus-value à l'entrepreneur.

La possession de l'argent accorde à chacun le droit le plus arbitraire et le plus funeste d'intervenir abusivement dans le marché de la production sociale et de la circulation des richesses ; il est devenu ainsi une cause de crises et de troubles anarchiques. L'argent a rendu possible l'accumulation démesurée des richesses privées et a laissé ainsi la concurrence dégénérer finalement en monopole privé, scandaleux et sans remède.

La littérature socialiste abonde en preuves drastiques sur ce sujet et sur d'autres analogues Mais ici non plus, nous n'avons pas à nous occuper de contre critique, mais à constater seulement la logique ou l'inconséquence du programme socialiste.

Sous ce rapport, il ne saurait faire de doute

que dans l'économie unitaire des socialistes, l'usage de la monnaie métallique actuelle n'aurait en général aucune place ni aucune raison d'être.

L'argent remplit aujourd'hui deux tâches principales. D'après les économistes il est, d'une part, la mesure de valeur générale (moyen d'estimation); d'autre part, et grâce à cette première qualité, il est aussi le moyen le plus général de rémunération entre les intérêts privés et ce qu'on appelle *le moyen de transmission*, de la valeur (moyen général d'échange, de paiement, de livraison, de transport, de conservation et de prêt).

Dans cette seconde qualité de moyen de *rémunération* (dans les rapports privés d'échange, de paiement et de prêt), l'argent deviendrait complètement superflu, sous le régime socialiste.

Il n'y aurait plus alors, comme nous l'avons démontré, de rapports privés de prêt, ni d'échange; les produits seraient livrés par la société contre des certificats que la comptabilité de l'administration du travail social tirerait sur la comptabilité de l'administration des magasins comme un avoir sur le travail accompli, ou comme une avance sur les gains futurs de travail. On n'aurait ainsi absolument plus besoin de ce *moyen général d'achat* qui doit maintenant être mis entre les mains de chaque vendeur, en retour de son produit, et qui lui permet de l'échanger contre toutes espèces de richesses et lui sert de ration et pour ainsi dire de gage réel.

Les administrations de production collective et les consommateurs (possesseurs de bons de travail) devraient régler leurs comptes entre eux sans le concours de l'argent d'après le temps et la valeur du temps de travail par un système de compensation entre les administrations économiques et les maisons de liquidation (Clearinghäuser). Il en est de même de ces administrations en tant qu'elles acceptent réciproquement leurs produits, et entre ces administrations d'une part et les entrepôts publics d'autre part.

Dans son autre qualité de *mesure de la valeur*, l'argent serait remplacé dans l'État socialiste par la moyenne des journées de travail, d'après laquelle la valeur des produits serait estimée et mise en ligne de compte pour la distribution.

La journée sociale de travail, comme unité de valeur, serait un *moyen d'estimation juridique*. On pourrait encore faire servir cette estimation juridique des bons de travail comme la plus sûre mesure d'amendes ou de restitutions, qu'on puisse imaginer contre les condamnés et les débiteurs de la communauté.

La mesure de la valeur, dont ne pourrait pas non plus se passer l'État socialiste unitaire, y resterait en vigueur, mais elle deviendrait substantiellement tout autre, c'est-à-dire qu'elle serait une fraction définie du temps de travail socialement déterminé.

Étant admis la possibilité de cette autre mesure de la valeur, il n'est que logique que les socialistes proclament énergiquement l'abolition de l'argent actuel. Comme moyen privé de rémunération, comme moyen général d'achat, comme gage intermédiaire d'échange, il deviendrait *superflu*; or, pour ces fonctions seules, la monnaie métallique est nécessaire. Comme mesure de la valeur, nous le répétons, l'argent serait remplacé par l'unité de la valeur réelle d'une fraction de temps du travail social.

Temps de travail social, comme mesure de la valeur, — cette idée paraîtra inconcevable à la plupart des lecteurs; beaucoup même n'en ont jamais entendu parler. Et cependant cette idée est le véritable fondement théorique du socialisme, Dans la pensé socialiste elle a déjà pris une forte consistance et K. Marx, dans ses développements sur le travail comme substance et mesure de la valeur, la déclare expressément la pierre angulaire de tout son système.

Faisons donc plus ample connaissance avec l'idée socialiste de la valeur, en détachant du livre de Marx un extrait substantiel de cette donnée dialectique quelque peu compliquée et d'une compréhension difficile pour les profanes.

D'après cette théorie, la *substance de la valeur* des produits est dans le *travail socialement nécessaire*, par lequel le produit se réalise.

Les produits sont désignés comme travail cristallisé. Mais ce n'est pas le premier travail venu qui peut déterminer, c'est seulement le travail *socialement nécessaire*, c'est-à-dire le travail qui, d'après l'état donné de la technique sociale, en rapport avec une unité des besoins publics, doit être employé en moyenne à la confection du produit dans toute son étendue sociale.

Quand, par exemple, — c'est ainsi qu'on peut rendre l'idée de Marx — un pays a besoin de 20,000 hectolitres de froment et que, pour leur production, il doit employer 100,000 journées de travail (socialement organisé), chaque hectolitre vaudrait $\frac{100,000}{20,000}$ = 5 journées particulières de travail socialement constitué.

Cette valeur aurait cours quand même des individus isolés auraient été assez négligents pour mettre 10 ou 20 journées de travail individuel à la production d'un hectolitre de froment.

Qu'on se figure tous les genres constamment fabriqués de produits estimés d'après la dépense expérimentalement nécessaire de travail social, et l'on trouvera par l'addition tout le temps socialement nécessaire de travail pour la production sociale de l'ensemble des besoins publics.

Nous admettons que cette somme comporte 300 millions de journées socialement organisées, qui, si la journée est de huit heures, représenteront deux milliards quatre cents millions d'heures sociales de travail. La somme totale de toutes les richesses sociales nécessaires produites sous une direction publique unitaire (actuellement exécutée sous la direction de capitalistes concurrents), aurait également pour valeur totale 2 milliards 400 millions d'heures de travail, exactement autant d'heures de travail qu'il en serait réellement fait pendant une année par un million de travailleurs.

L'heure de travail = $\frac{1}{2,400,000,000}$ du travail collectif annuel de tous, serait la mesure de valeur générale et 2,400,000,000 *unités nominales de valeur* pourraient ou devraient être délivrées aux travailleurs en certificats, bons ou chèques de travail, afin que ces mêmes travailleurs puissent racheter aux magasins publics le produit total du travail collectif, valant également 2,400,000,000 heures de travail.

La somme totale de travail d'une période serait toujours égale, au moins en général, à la valeur totale de la masse des produits de la même période.

Les administrations économiques créditeraient le travail fait, fixeraient la valeur du produit d'après la mesure connue des frais de production en temps de travail, délivreraient des chèques sur le travail enregistré et consigneraient contre ces chèques les produits au taux des frais du travail social.

Rien ne paraît plus évident que l'harmonie entre cette théorie de la valeur et les principaux efforts des socialistes pour que la jouissance soit proportionnelle au travail, pour que chacun puisse avoir, comme revenu privé, comme légitime propriété privée, l'équivalent du produit intégral de son travail, pour baser ainsi la propriété et le revenu sur le travail individuel, et enfin pour interdire à un tiers de s'approprier (comme cela a lieu aujourd'hui) la plus-value, c'est-à-dire une part du travail d'autrui.

Il est bien vrai que chacun ne reçoit pas *son* produit, la production sociale ayant pour but de faire produire les uns pour les autres sur les bases de la division du travail. Mais si le travail de l'individu est équitablement estimé d'après l'unité de valeur de l'heure sociale de travail, — en tenant compte dans l'estimation du degré de perfection du travail — chacun, en raison du service rendu à la société, recevrait d'elle en retour, pour sa jouissance, sous forme de produit social, l'équivalent de son travail individuel.

Sous un autre rapport, il paraît aussi que le travail trouverait, au moins *proportionnellement*, sa juste et complète rémunération.

Si, par exemple, on objectait que le peuple a aussi des besoins d'utilité publique du ressort de l'Etat, des Communes, des Ecoles, de l'Eglise, etc., et que, par conséquent, l'individu isolé ne peut pas recevoir en produits sociaux tout l'équivalent de son travail, l'objection ne serait fondée qu'en apparence.

Admettons, en effet, que sur le produit de 300 millions de journées sociales de travail, un tiers même, soit 100 millions de journées, doive être pris par anticipation pour les dépenses publiques, il ne resterait sans doute à la répartition privée entre les producteurs qui auraient fait les 300 millions de journées, qu'une valeur de 200 millions de journées. Mais les choses s'arrangeraient ainsi : pour une heure de travail, on donnerait un chèque ou valeur nominale de travail de 2/3 d'heure de travail, et le tiers restant serait employé pour le bien et la jouissance commune, aux services publics, et formerait l'ensemble des contributions ou charges sociales.

Ainsi s'établirait indirectement un revenu social proportionnellement égal et réglé uniquement d'après la mesure du travail individuel, ainsi qu'une propriété basée sur ce même travail individuel. Il en résulterait, en outre, une complète proportionnalité de l'impôt.

Tout cela est très logiquement pensé.

Seulement, on se demande :

1° Au point de vue *théorique*, si la prémisse, d'après laquelle les frais sociaux de travail sont la mesure de la valeur des richesse, est juste.

2° Au point de vue *pratique*, si l'Etat socialiste unitaire pourrait bien venir à bout de l'énorme comptabilité sociale qu'il nécessiterait et s'il pourrait estimer des travaux inégaux exactement d'après des unités du temps de travail social.

A la première demande, il faut, en tous cas, répondre préalablement d'une manière négative, car la valeur des richesses est réglée non-seulement d'après les frais, mais aussi d'après la valeur d'usage, c'est-à-dire de l'urgence et de l'importance du besoin. Si on laisse de côté les variations de la valeur d'usage des travaux et des produits divers, une taxe sociale de valeur qui serait établie, économiquement parlant, au lieu et place de la fixation du prix par le marché, est absolument inconcevable.

Comme nous l'avons déjà dit, le socialisme doit savoir et pouvoir modifier de fond en comble sa thèse fondamentale que la valeur résulte exclusivement de la somme de travail socialement nécessaire à la production.

Nous pensons que cela n'est pas impossible et nous ne nous arrêtons pas davantage sur ce sujet.

Mais cette donnée, telle qu'elle a été formulée jusqu'ici, fait une utopie de l'économie courante du socialisme, pour le moment du moins.

Quand, par exemple, le citoyen socialiste, après une mauvaise récolte, réclame du pain, l'administrateur ne peut pas lui offrir des pierres, ni des habits, ni des plaisirs. Mais pour celui qui réclame le pain revendiqué avant tout, une taxe doit être établie en plus de la valeur des frais, d'après laquelle il doit régler sa dépense, afin que du produit rare et pour cela plus désiré, chacun puisse avoir au moins pour son strict nécessaire.

Ainsi la valeur sociale (valeur d'échange) doit être déterminée non seulement d'après la valeur de frais, mais, en même temps aussi d'après la valeur d'usage variable. Sans cela le besoin social et la production sociale tombent dans une désharmonie funeste dont personne ne pourrait conjurer les désastres.

Le socialisme doit d'abord éclaircir ce point, trop dédaigné jusqu'ici par ses théoriciens (1).

---

(1) C'est ce qui eut lieu à plusieurs reprises pendant l'année 1877 dans une polémique du *Vorwärts* à propos de la *Quintessence du socialisme*.

Ce journal donne à l'idée de Marx sur le *temps de travail socialement nécessaire* une interprétation en vertu de laquelle, dans l'expression *travail socialement nécessaire*, se trouve compris ce que j'appelle, moi, *valeur d'usage*.

Je n'ai rien à objecter contre cette interprétation en

soi, puisqu'elle admet au moins en principe la participation de la variation des besoins dans la détermination nécessaire de la valeur d'échange, sur quoi j'insiste. Mais je me permets deux observations.

Je ne puis reconnaître comme erronée ma manière d'entendre l'idée de Marx du temps de travail socialement nécessaire, car cet écrivain déclare valeurs d'échange égales les objets qui contiennent des quantum de travail égaux ou qui peuvent être produits dans le même temps de travail.

De plus, j'ai à faire observer que, si M. Marx approuvait l'interprétation du *Vorwärts*, la mesure de la valeur par le temps de travail socialement nécessaire deviendrait inutile comme base *pratique* de cette fixation, et cela en vertu de l'introduction forcée (Hineinzwängung) du second facteur tout à fait autonome de la détermination de la valeur d'échange notamment de la valeur d'usage sociale, dans le quantum des frais de *travail* social.

Je n'ai pas à rechercher si M. Marx admettra l'explication qu'on donne à sa théorie de la valeur, et je m'en tiens à ceci : que les *frais sociaux de travail et le besoin social* entrent dans la détermination de la valeur, en toutes circonstances, et cela d'une manière indépendante et sans qu'il soit possible de les confondre dans un mélange forcé.

Post-scriptum. Il est bon de comparer avec ceci la remarquable et plus récente explication de M. Schramm sur le sens probable de la théorie marxiste de la valeur (*Vorwärts*, 1877, n° 128).

M. Schramm croit pouvoir dire, d'accord avec tous les partisans de ladite théorie, que non seulement Marx, mais aussi le socialisme, *ne cherche et ne voit dans la théorie marxiste de la valeur aucune mesure de répartition.*

S'il en est ainsi, la polémique n'a plus aucune raison d'être. M. Schramm, en concluant, regarde ma théorie de la *valeur naturelle d'échange* (V. *Ges. System*, 3e ed., § 110 et suiv.) comme pouvant servir à l'obtention d'un mode convenable de répartition; il faut remarquer que, dans cette théorie, je donne à la valeur d'usage une signification indépendante.

Voir pour les détails sur l'importante question des formes de la détermination de la valeur d'échange le 3e volume de ma *Structure et vie du corps social* qui vient de paraître.

CHAPITRE VII

La détermination socialiste de la valeur d'échange et la liberté du travail dans l'État socialiste.

Il est temps d'insister sur le sujet que nous avions laissé de côté (ch. III) et qui nous parait le point le plus faible ou du moins le plus obscur du programme socialiste, surtout en ce qui touche la classification économique et le contrôle des travaux isolés dans leur rapport avec l'ensemble immense des travaux collectifs socialement organisés.

D'après quel criterium toutes les forces de travail doivent elles être réparties dans le vaste domaine de la production? Les fonctionnaires économiques pourront-ils, à leur gré, diriger, déplacer ces forces de travail et les soumettre constamment à de nouveaux apprentissages?

Dans l'état actuel, cette difficulté de la classification économique des forces de travail isolées dans l'ensemble du travail social se résout très simplement.

Le salaire est non seulement réglé d'après les frais d'entretien, mais encore il baisse là où baisse la demande de travail, c'est-à-dire où la valeur d'usage est de moindre importance ; le prix du travail hausse, au contraire, en temps et lieu, quand le produit est plus recherché et que la valeur d'usage monte. Il en résulte que les travailleurs isolés, repoussés par leur *propre intérêt* d'une production qui a perdu sa valeur d'usage, sont attirés vers celle qui est demandée — et ceci sans aucune contrainte administrative.

La liberté de changer le domicile (Freizügigkeit) est la forme de droit public qui accorde au travailleur la liberté de rechercher du travail dans les lieux où le salaire est plus lucratif.

L'État socialiste ne serait pas à la hauteur de sa tâche, s'il n'imitait pas ici, et s'il ne taxait toujours les journées de travail que d'après la pure détermination de la valeur d'après les frais (wosten Kerthbestimmung) au lieu de les taxer, en tenant compte aussi des fluctuations de la valeur d'usage : un peu plus haut que la simple journée de travail, quand la valeur d'usage hausse, un peu plus bas quand la valeur d'usage baisse.

Si le socialisme ne sait pas faire cela, il ne pourra pas maîtriser les accumulations improductives, il devra toujours diriger péremptoirement les travailleurs ici et là.

Si, au contraire, le socialisme fait entrer la valeur d'usage dans la taxe sociale du travail, c'est-à-dire la valeur sociale d'échange, l'intérêt privé attirera aussi les travailleurs des professions improductives dans les professions productives. Il n'y a plus besoin alors de commandement péremptoire; il serait alors plus possible d'apporter dans l'État socialiste tous les avantages de la liberté de changer domicile et vocation.

La liberté individuelle d'exercer le travail (Arbeitsbethätigung) serait pleine et entière et les administrations de production pourraient déplacer les forces de travail d'une manière productive.

Or, l'admission de la valeur d'usage dans la détermination des taxes sociales n'est pas inconcevable. Dans une production unitaire, on voit bien vite quels sont et où sont les travaux les plus demandés, et les travaux superflus. On pourrait même mieux voir d'ensemble dans une telle organisation productive les variations des besoins et les déficits des produits.

D'après ce système, on pourrait taxer plus haut ou plus bas pour donner l'impulsion voulue à la marche économique du travail.

Mais alors il faudrait abandonner la théorie actuelle et erronée de la valeur (d'après laquelle la valeur n'est réglée que d'après les frais sociaux) tant en ce qui touche la taxation des produits qu'en ce qui touche la taxation des travaux. Ces deux taxations devraient subir l'influence des fluctuations de hausse et de baisse de la valeur d'usage.

Sans cette introduction de la valeur d'usage dans la taxe sociale, c'est-à-dire sans une imitation analogue de toutes les déterminations accidentelles (Werthbestimmungs-vorgänge) de la valeur par le marché d'aujourd'hui, il n'est pas concevable qu'une direction supérieure quelconque du système unitaire de production puisse maintenir l'équilibre entre les travaux et les richesses nécessaires et les provisions accumulées, sous le rapport de la quantité et de la qualité des produits, c'est-à-dire conserver cet équilibre économique du travail et de la consommation qui se renouvelle maintenant tous les jours, quoique par soubresauts, sous l'influence des prix du marché qui tiennent compte aussi des variations de la valeur d'usage.

On le voit, de la juste position de la théorie de la valeur d'usage en question, dépendent trois choses :

1° La possibilité de maintenir en équilibre économique et de diriger une si vaste organisation de travail, de production et de besoins.

2° La reconnaissance d'une liberté individuelle indispensable du travail et de la consommation.

3° L'excitation générale de chaque individu isolé à l'emploi économique de sa force de travail et des produits.

Il est bien évident que par là le nouvel état de choses se rapprocherait considérablement de la vie actuelle et de ses habitudes.

Le bon côté de l'économie libérale, la liberté individuelle, le libre choix de son domicile, la liberté industrielle, pourraient peut-être se conserver, tandis qu'il serait mis fin au manque actuel d'organisation unitaire du travail.

S'il est possible maintenant d'organiser un mode social de taxation de la valeur, en tenant compte aussi des fluctuations de la valeur d'usage, de tous les travaux, des produits isolés, c'est ce que nous n'examinerons pas en ce moment.

Cette question n'a pas été encore assez discutée et n'est pas mûre par conséquent.

Mais, sans restriction aucune, nous osons affirmer que dans la constitution de la valeur d'échange (valeur sociale) des travaux et des produits, la prise en considération de la valeur d'usage est le point le plus important et le plus décisif.

En d'autres termes, si le socialisme n'est pas en état de conserver tous les bons côtés de la *liberté* moderne du travail et de l'économie familiale (Haushalts) pour les joindre à ses avantages incontestables qui sont, entre autres, l'ordre et le contrôle réciproque du travail, la libre et rénovante acceptation de devoirs (discipline), l'abolition certaine des excès de travail et de l'abandon des femmes et des enfants, l'empêchement de l'exploitation par des intérêts privés, l'abolition de la presse et de la vie parasite improductive, la fin de la corruption, du luxe démesuré, des délits provenant de la propriété; si le socialisme est incapable de réaliser cela, il n'a aucune chance et aucun droit d'être réalisé. En effet, tous les avantages ci-dessus mentionnés auraient leur contre-partie dans une état de production unitaire et de travail obligatoire, si le vaste champ qui convient à la liberté des mouvements individuels n'était pas scrupuleusement respecté.

Il est bien remarquable et bien consolant que tout ce qui rend le socialisme avant tout pratiquement discutable le pousse à la conservation et même au développement extrême des meilleurs côtés de l'économie politique libérale (1).

Que le lecteur ne nous en veuille pas si nous nous sommes arrêtés d'une manière si doctrinaire sur la théorie de la valeur. C'est notre conviction scientifique longuement réfléchie, que cette théorie n'est pas d'une importance moindre pour l'avenir qu'une théorie quelconque de Rousseau ou d'un autre esprit de la première révolu-

---

(1) Même l'obligation de travailler journellement huit heures n'est pas nécessaire à l'Etat socialiste. Chacun n'y peut vivre que de travail, et par conséquent tous voudront travailler. Enchaîner au travail, tel jour ou telle semaine, un producteur, n'est nécessaire que dans certains cas où la société aurait un besoin urgent de produits et ne pourrait pas trouver de remplaçant au producteur en question. La *journée normale de travail* réclamée *aujourd'hui* comme moyen défensif contre l'excès de travail et l'appropriation de la plus-value par un tiers, aurait alors une toute autre signification.

tion bourgeoise libérale. Corriger la théorie, si répandue jusqu'à présent, de la valeur sociale du coût de travail, c'est peut-être ce qu'il y a de plus important pour l'histoire de peuples entiers.

CHAPITRE VIII

Revenus et emploi des revenus pour l'accumulation des fortunes et la consommation. — Propriété individuelle et droit d'héritage. — Le mariage et la vie de famille. — Systèmes d'épargnes et d'assurances. — Dépenses pour la bienfaisance, l'humanité, la religion et autres institutions morales.

Nous avons trouvé jusqu'ici que relativement à la production, le mouvement industriel (Umsetzung) et la détermination des valeurs des richesses, le principe socialiste ne garde rien de ce qui appartient en substance et comme conséquence au principe de la production privée.

Le louage privé des services (salariat), le capital privé de la spéculation (individuel ou d'associations industrielles), la concurrence, le marché et la Bourse, le prix et les cours du marché, le commerce avec tout son système d'annonces et de réclames ,le luxe d'étalage, l'emploi du numéraire métallique, le crédit, les loyers, les fermages et toutes les formes actuelles des revenus privés (salaire, gain, intérêt, rente foncière), le revenu public dépendant des revenus privés (c'est-à-dire le système d'impôt actuel), en un mot tout ce qui constitue les traits principaux et caractéristiques de l'économie moderne ne saurait coexister, en dernière analyse, avec le principe « social » de la production et du mouvement industriel, et tous ces phénomènes économiques, énoncés plus haut, rentreraient dans la série des *catégories historiques* passées.

C'est tout un nouveau monde qui se révèle, un nouveau monde dont il est presque impossible de se faire une idée juste, quand on aborde pour la première fois les théories en question.

La grande production collective basée sur la division du travail serait la seule chose qui, comme fruit mûr du *capitalisme* développé, passerait au contraire de l'État bourgeois à l'État socialiste et arriverait même à une application plus générale.

Nous devons maintenant aborder les catégories économiques de la *distribution* et de la *consommation* des richesses, des *revenus* et de *l'emploi des revenus*, pour nous demander quelle forme éventuelle prendrait le revenu dans l'État socialiste et comment il serait employé à la consommation et à la formation de la propriété privée.

Il faut se rappeler au préalable que tout *revenu privé* en général, et abstraction faite des dons et des libres destinations, serait *revenu de travail* sans distinction.

La répartition des produits se ferait en liquidant des *bons de travail* dans les magasins publics de livraisons. L'antithèse (Gegensatz) du profit et du salaire appartiendrait désormais aux *catégories historiques* radicalement vaincues (Marx).

Il est également évident que, la collectivité ne tirant plus son revenu du revenu privé des citoyens, le système d'impôt actuel ne serait plus applicable.

Ce que la collectivité aurait reconnu comme totalité des besoins publics serait directement prélevé dans les entrepôts publics et employé à la solde des fonctionnaires publics, mode d'application facile, la collectivité étant la détentrice de l'approvisionnement social.

Il est singulier que cette rigoureuse conséquence, dont l'imposante simplicité abolit le système actuel des impôts, n'ait pas été déduite, ou du moins ne soit pas encore examinée en détail par les socialistes (1).

Il est tout à fait évident que le système d'impôt qui fait dériver le revenu de l'État des revenus privés n'est propre qu'au régime de production individualiste ; dans l'État socialiste, même l'impôt unique sur le revenu serait une procession avec l'église autour du village.

Comment donc, dans l'État socialiste, serait réglé *l'emploi* possible des revenus privés ?

Quatre genres d'emplois volontaires des revenus sont possibles :

Consommation personnelle.

Épargne personnelle (accumulation directe des richesses).

Transmission retropayable à autrui (accumulation indirecte des richesses).

Enfin *donation* aux tiers.

---

(1) Que cette conséquence n'ait pas été examinée en détail c'est possible ; mais elle a été certainement déduite au moins par les socialistes français qui ont soin chaque fois qu'ils disent : *A chacun l'équivalent du produit de son travail*, d'ajouter : *les charges sociales étant remplies*, c'est-à-dire la somme de richesse nécessaire aux services publics étant d'abord prélevée. (Note du traducteur.)

Nous examinerons brièvement et d'une manière toute générale ces quatre cas dans leurs rapports avec les conséquences du principe socialiste.

1. — *Consommation personnelle !*

Le principe de la production collectiviste n'empêche nullement que chacun se procure, avec l'équivalent du produit de son travail, ce qui répond à ses besoins et à ses désirs. Seulement il se pourrait que l'État économique unitaire rejetât certains besoins physiquement et moralement nuisibles ou incompatibles avec ses principes ; il mettrait justement fin à la satisfaction de ces besoins en ne produisant plus et en n'offrant plus les moyens de les satisfaire ; pour tout le reste, l'emploi privé du revenu et le libre choix des besoins individuels resteraient intacts.

2. — *Épargne et formation de la propriété individuelle !*

Elle aussi, en tant qu'elle n'a pas pour objet les moyens de production collectif, est complètement compatible avec le principe fondamental du socialisme.

A l'encontre de toutes les autres opinions très répandues, il faut répéter encore une fois que le socialisme n'exclut ni la propriété en général, ni la propriété privée.

Le collectivisme, il est vrai, réclame sérieusement et assez exclusivement la collectivité des capitaux productifs, mais il n'exclut ni la propriété en général, ni la propriété privée. De même la libre consommation immédiate et la libre accumulation privée des biens ne servant pas à la production, et le droit d'héritage de cette propriété privée consistant en moyens de jouissance, n'ont rien d'incompatible avec le collectivisme.

La suppression de la propriété privée en général et le nivellement des besoins ne sont nullement des conséquences obligées du socialisme contemporain.

Les moyens de *travail collectif*, et non les moyens de consommation individuelle, doivent en général être mis en propriété collective.

Il est impossible que les moyens d'existence qui ne peuvent être consommés qu'individuellement, les vêtements qui ne peuvent être portés que par une seule personne, les moyens d'instruction dont chacun doit prendre sa part, puissent être propriété commune.

Il est d'autant plus nécessaire d'insister là-dessus que l'opinion publique est portée à attribuer aux collectivistes bien plus de communisme et d'idées nivelleuses en ce qui touche l'emploi du revenu et la direction du ménage qu'il n'y a lieu de le faire en se rapportant aux écrits des socialistes et en recherchant les conséquences vraies du socialisme. Et cela a lieu tandis qu'on parait à peine se faire une idée d'ensemble do l'immense bouleversement que produira le socialisme dans lo domaine de la production et de l'échange. C'est de là que vient le manque d'une juste appréciation.

Voilà pourquoi il est très regrettable qu'on ne veuille pas se faire, avec calme et réflexion, une idée claire du principe collectiviste dans sa véritable portée et qu'on ne sache pas faire une distinction nette entre l'essence et les accessoires du socialisme. La conséquence est celle-ci : d'un côté on amoindrit l'importance du socialisme et d'un autre côté on le défigure monstrueusement.

On voit même des personnes instruites faire preuve, en ce qui touche la négation de la propriété, d'une ignorance telle qu'elle saute aux yeux de milliers de travailleurs ordinaires, qui expliquent volontiers cette ignorance comme résultant de la malveillance des classes dominantes.

Nous le disons en insistant : il n'est pas vrai que le collectivisme veuille abolir toute propriété, qu'il soit la négation complète de la propriété, il repousse seulement *l'appropriation privée des moyens de production* et il veut la remplacer par la mise en propriété collective de ces mêmes moyens de production (biens-fonds, ateliers, machines, etc.). La propriété privée des moyens de consommation ou de jouissance n'est pas et ne peut pas être repoussée. Aucun socialiste contemporain n'est assez imbécile ni assez fou pour repousser l'appropriation privée et le libre emploi des moyens d'existence, tels que vêtements, mobiliers, livres, etc.

Nous le répétons, la propriété collective doit seulement s'étendre aux moyens de production (où règnent déjà la division et l'association du travail), c'est-à-dire au *capital* qui doit faire partie du domaine social, comme cela a déjà lieu pour les rues et les routes, les places publiques, les institutions commerciales, judiciaires, d'instruction, de police, etc.

Ainsi on veut étendre le principe collectiviste (déjà amplement en vigueur aujourd'hui), aux moyens de production, basés sur la division du travail, c'est-à-dire au capital social.

Il est bien évident que seulement dans le domaine de cette extension de la propriété collective, la propriété individuelle sera restreinte.

Nous appuyons fortement sur ce point, non pour défendre ou pour combattre cette extension de la propriété collective, mais pour empêcher qu'on ne pose à faux cette question.

Quiconque connaît quelque peu la littérature socialiste sait combien cette insinuation que le socialisme voudrait l'abolition absolue de toute propriété, est exploitée par les meneurs du prolétariat pour accuser les classes possédantes et instruites, de mauvaise foi, de calomnie et de basse et mensongère dénonciation.

En effet, il n'est pas vrai que le socialisme veuille des *partages* périodiques annuels. Il demande le rachat des moyens de production sociale, comme se fit autrefois le rachat des charges et servitudes féodales. Il veut ensuite mettre en commun ces moyens de production et partager le produit annuel, créé à l'aide du capital social, entre tous les travailleurs, au prorata du temps et de la qualité de leur travail.

On peut regarder cette réclamation comme impraticable et même comme contraire au but, mais il n'est pas vrai que ce soit là un partage périodique des fruits du travail et de l'épargne de chaque individu, avec des mangeurs fainéants;

et il n'est pas vrai non plus qu'il y ait là l'idée insensée de vouloir abolir la propriété privée des moyens de consommation, qui, d'après leur nature, ne peuvent être consommés que d'une manière privée, soit exclusivement par un seul, soit dans le cercle séparé d'une famille.

De même il n'est pas vrai que le principe de la propriété collective soit un principe *nouveau* par excellence, étranger et hostile au droit existant, car toutes les collectivités morales de l'Etat, de l'Eglise et de la Commune, comme aussi les collectivités familiales représentent la propriété collective dans une large mesure.

La question est uniquement celle-ci : les moyens de production en tant qu'ils sont déjà maintenant la base fondamentale du travail national, associé et divisé, doivent-ils devenir la propriété collective (nationale ou communale) de l'administration sociale de la production ? Voilà la question.

Qu'elle soit résolue de cette manière ou d'une autre, il est évident que ni la propriété privée de *tous* les biens, ni la propriété en général n'y sont mises en question. Toute base de discussion raisonnable manque, et l'on ne fait qu'exciter profondément les passions du prolétariat, quand, au lieu de s'en tenir exactement à la question réelle, on attribue au socialisme des choses dont il ne veut pas lui-même ; danger immense, car accuser le socialisme de vouloir des « *partages* » sans cesse renouvelés, quand il veut la mise durable en commun des moyens de production, c'est démontrer qu'il n'y a rien de sérieux dans les réfutations anti-socialistes.

La négation du droit d'héritage individuel et familial n'est de même ni une conséquence nécessaire, ni un intérêt essentiel du socialisme.

Le socialisme pourrait dire avec raison aux exaltés qui veulent « abolir » le droit d'héritage : que Dieu me garde de mes amis !

Le principe du collectivisme accorde au droit d'héritage juste autant de place qu'à la propriété privée, quelles que soient toutes les fables débitées là-dessus par les socialistes anciens et modernes, et quelles que soient les conclusions de certains écrivains socialistes qui allèchent le prolétariat en parlant de l'abolition ou d'une importante restriction du droit d'héritage.

Mais il est bien entendu qu'aucun droit d'héritage privé ne saurait être attaché au capital qui serait dès lors l'héritage collectif et inaliénable de la communauté.

Le socialisme ne peut pas laisser subsister l'appropriation privée du capital, laisser diriger et exploiter par des individus quelconques et à leur profit le procédé social de production, ni laisser se créer de nouveaux capitaux individuels et par conséquent les laisser héritables. Mais s'il pouvait faire que les moyens de production, les capitaux, ne soient plus en propriété individuelle, s'il pouvait faire cela (comme la Révolution bourgeoise de 1789 a définitivement aboli la grande propriété féodale), il pourrait parfaitement accorder le droit d'héritage des moyens de consommation, vêtements, meubles, moyens d'instruction, d'amusement, objets d'art, etc., sans porter la moindre atteinte à son principe fondamental.

Ce droit d'héritage serait d'ailleurs limité en lui-même; car l'excédant des moyens de consommation qu'on pourrait léguer serait forcément restreint parce que la richesse actuelle des particuliers en moyens de consommation disparaîtrait avec leurs sources de rentes.

Beaucoup de gens ont trouvé incompréhensible que *Karl Marx*, le socialiste le plus influent et le plus conséquent, n'ait pas proclamé, en premier lieu, l'abolition du droit d'héritage dans l'État futur. Un peu de réflexion suffit pour montrer qu'étant donné la mise en collectivité des capitaux, le droit d'héritier des moyens de jouissance a une portée excessivement secondaire. Même si les socialistes réalisaient aujourd'hui un rachat des capitaux, analogue dans ses résultats à l'abolition par la bourgeoisie de la grande propriété féodale, ils pourraient accorder immédiatement le droit d'héritage des valeurs données en échange, qui ne pourraient être, comme nous l'avons montré plus haut, chapitre II, que des valeurs représentatives de *moyens de consommation* (ou même des rentes annuelles) et non de *moyens d'acquisition*.

Les fils des millionnaires auraient soin que les moyens de jouissances des dynasties d'argent actuelles soient réduits à des proportions raisonnables et cela dans l'espace de quelques générations.

Le droit d'héritage n'est un gros morceau (si l'expression est permise) qu'en tant que les capitaux productifs ou moyens de production (sources de rente) font partie de la propriété privée.

Que cela soit changé et il n'y aura plus que des successions modestes qui ne pourront introduire dans l'état social aucune inégalité dangereuse de fortune.

Il faut s'étonner, au contraire, que l'agitation socialiste n'ait pas depuis longtemps protesté hautement et solennellement contre l'imputation qu'on lui fait de vouloir abolir le droit d'héritage familial et le droit de tester. Le socialisme pouvait, sans se départir en rien de son principe, comme on l'a vu, faire sincèrement cette protestation.

Après ce que nous avons dit des conséquences économiques du socialisme, en ce qui touche la consommation et le ménage, il est facile d'aborder ses conséquences en ce qui touche le mariage et la famille, pour porter un jugement sûr.

Parmi les socialistes d'aujourd'hui, on rencontre des opinions « *libres* » relativement au mariage et à la famille, qui vont quelquefois jusqu'à « l'amour libre ». On pourrait citer sur ce point de graves indications.

Mais parmi les classes possédantes et instruites l'*amour libre* et la *religion libre* sont aussi très répandues en théorie et en pratique.

C'est pourquoi, pour l'homme politique dont l'horizon est plus large, la question se pose ainsi : l'abolition du mariage indissoluble, de l'éducation familiale et du droit familial d'héritage sont-ils oui ou non des postulats *inhérents* au socialisme ?

A cette question, il faut répondre négativement.

L'abolition de la propriété privée des moyens

de *production* sociale établit déjà une limite indirecte si énergique à la grande inégalité des ménages, de l'éducation familiale et de l'héritage, que précisément l'État socialiste pourrait accorder sans aucun danger la liberté individuelle du ménage, de l'éducation familiale et de l'héritage, en ce qui touche les moyens d'entretien et de jouissances. Il n'y aurait pas, nécessité absolue d'organiser, d'après les idées solidaristes de Fourier, les dortoirs, les réfectoires, les salles de jeu; et la contrainte sociale n'irait guère au delà de l'instruction obligatoire d'aujourd'hui. Il est vrai que les choses de la cuisine, du recurage, de l'éclairage, du chauffage, devraient être organisées autrement, parce que les serviteurs personnels — qualifiés d'esclaves domestiques par le socialisme — devraient être remplacés, en partie par des applications mécaniques étendues aux travaux de ménage, et en partie par la libre vocation de ceux qui préféreraient ce genre de travaux.

Si les magnifiques cuisines privées et les salons luxueux privés devaient disparaître, il n'en faudrait pas renoncer pour cela à la table privée et au logement privé. L'impulsion serait donnée à la mécanique qui ferait beaucoup de travaux incombant maintenant aux domestiques.

La physionomie des maisons serait toute autre : point de palais luxueux appartenant à un seul, point de trous infects en guise de logement; mais la demeure privée et la vie de famille ne seraient pas exclues.

Les socialistes contemporains doivent s'attendre à une grande opposition contre l'amour libre parmi des populations qui seraient presque au niveau des classes moyennes d'aujourd'hui. (1)

---

(1) Ces populations seraient moralement supérieures par leur instruction plus rationnelle et par la cessation de l'antagonisme des intérêts. Qu'entend-on par *amour libre?* Les socialistes demandent en général l'*union libre*, c'est-à-dire le mariage vivifié par la liberté et n'ayant d'autre lien que l'amour réciproque et l'acceptation de devoirs ou pour mieux dire la moralité des conjoints. Il est évident que cette forme matrimoniale appelle des contractants supérieurs en moralité aux membres de la société bourgeoise actuelle. Le mariage légal indissoluble est une précaution sociale prise contre des individus qu'on juge indignes de pratiquer librement leurs devoirs, il en est ainsi de presqne toutes les lois bonnes ou mauvaises; à mesure que progresse la civilisation, le nombre de ces lois va diminuant; elles doivent périr, quand elles ne sont plus une *forme éducative*. Les lois matrimoniales ne font pas exception : elles disparaî-

On ne se laisserait pas prendre par l'État et les maîtres d'école ses enfants, ses parents ou son conjoint, plus volontiers que ne le font aujourd'hui les classes moyennes.

Les pédagogues à l'esprit faux, les libertins et autres exaltés du socialisme ne réussiraient pas envers et contre tous, *contra naturam*, mais ils essuieraient l'échec qu'ils mériteraient

Certainement la vie intérieure de la famille serait en rapport direct avec l'ordre de production, et les travaux des femmes dont on pourrait se passer n'auraient plus leur raison d'être, et sur ce point, qu'on ne s'y trompe pas, le socialisme pourrait prendre une force de conviction et de propagande énorme, justement en ce qui touche la pureté de la vie de famille, le mariage, le système de logement, le travail des femmes, la conservation des enfants, dès qu'il rejetterait ses tendances profondément irréligieuses et matérialistes qui ne découlent pas de son principe, mais qu'il partage avec toutes les classes de la

---

tront quand, n'étant plus qu'une pure oppression, elles répugneront à la dignité humaine. Et il en sera ainsi en civlisation socialiste, on peut le prévoir. (Note du traducteur.)

société actuelle, qu'il a acceptées seulement provisoirement et qu'il doit à la fantaisie de ses premiers fondateurs français (1-2).

---

(1) Fourier, *Phanéragomie*, etc.

(2) L'éminent auteur nous paraît être tombé ici dans une erreur d'appréciation et une erreur de fait. L'erreur d'appréciation concernant la grande utilité que trouverait le socialisme à se faire religieux et spiritualiste, nous ne la discuterons pas, ayant simplement à présenter la *Quintessence du socialisme* aux lecteurs français, sans avoir à l'approuver de la première à la dernière ligne. C'est aux lecteurs à juger ce puissant travail.

L'erreur de fait consiste à dire que ce sont les socialistes français qui ont donné au socialisme ses tendances irréligieuses et matérialistes. Rien n'est plus faux. Ce qu'on doit reprocher à la masse des premiers socialistes français, c'est justement leur spiritualisme effréné et leur religiosité. Saint-Simon et ses disciples, Cabet et ses communistes, Buchez et ses associationnistes, s'intitulent *néo-chrétiens*. Fourier et les siens sont déistes convaincus et spiritualistes déterminés. Pierre Leroux et son école, panthéistes-spiritualistes; Proud'hon, spiritualiste et déiste à ses heures; Louis Blanc, plus que déiste, providentialiste. Auguste Comte n'est pas spiritualiste, mais il jette les bases d'une religion de l'humanité. Un seul socialiste français, Dezamy, osa être matérialiste en 1840; le néo-chrétien Cabet le tua moralement par l'accusation

Après avoir parlé du libre emploi des revenus privés de l'épargne et de l'héritage, il nous reste

3. — A savoir ceci : le socialisme pourrait-il aussi garantir les épargnes, c'est-à-dire organiser l'*épargne* et l'*assurance* au moyen du prêt et du crédit? si oui, comment doit il l'organiser?

Il est bien évident que la transmission des épargnes serait dans l'avenir absolument exclue des placements à intérêts. Les moyens de production ne pouvant plus être propriété privée, la transmission privée de l'usufruit du capital (d'où découle l'intérêt comme dédommagement de l'usufruit du capital transmis) n'aurait plus de raison ni de possibilité d'être.

Mais il ne serait nullement interdit de transporter dans l'avenir des épargnes jusqu'à une

---

d'immoralité de doctrines. A la même époque, l'anglais Owen et le russe Herzen étaient au contraire nettement matérialistes.

Cette rectification n'a pas pour but de repousser pour les premiers socialistes français une accusation qui serait déshonorante; nous voudrions au contraire que cette accusation ils l'eussent méritée, leur action n'eût pas été si éphémère. Mais il n'en a rien été, et, malheureusement pour le socialisme, presque tous ont voulu d'abord *christianiser*. (Note du traducteur.)

certaine somme et pour un certain laps de temps. Ce qui, dans les revenus du travail, ne serait pas immédiatement employé pourrait être garanti pour l'avenir dans sa valeur nominale au profit de celui qui a fait cette épargne. Les épargnes d'assurance payables et les capitaux et les épargnes nouvellement inscrites s'équilibreraient réciproquement et cette transmission de simples droits et rapport naturels n'accordant aucun intérêt ne pourrait aucunement troubler l'harmonie économique de la société socialiste. L'organisation collective de la production unitaire comporte parfaitement cette garantie des épargnes payées à volonté ou à terme.

La concentration de plus grands revenus pour des buts *privés* (voyages, études, associations) ne serait pas exclue en principe, comme se plaissent à le dire actuellement les adversaires du communisme et comme nous-mêmes l'avons longtemps admis. Seulement la perception et le paiement des intérêts serait plus radicalement aboli qu'il ne l'a jamais été par la législation canonique sur l'usure; il serait donné complète satisfaction à l'idée d'Aristote que l'argent ne doit pas faire des petits.

4. — Enfin la *possibilité* et la *liberté des dons* aux siens, aux tierces personnes privées,

aux associations, ne sont pas du tout contraires aux principes du collectivisme.

C'est pourquoi *le compagnonnage*, *l'hospitalité*, *la bienfaisance*, *les libres soins aux malades*, *la libre poursuite d'intérêts humanitaires, scientifiques et religieux*, *sous la forme d'associations*, sont parfaitement concevables dans un état où la production serait unitairement organisée.

Nous insistons expressément là-dessus, car on dit fréquemment : le socialisme est impossible par cela même qu'il exclut, avec la propriété privée, tout mouvement libre individuel.

Cette non-liberté pourrait pratiquement s'établir dans un état socialiste despotique et matérialiste, mais elle n'est pas une conséquence obligée du principe fondamental du socialisme.

Chacun aurait le droit de faire, sans léser en cela le principe socialiste, des dons consistant en bons de temps de travail à des particuliers, à des associations, à des corporations et même à des églises.

Encore un point sur lequel nous nous arrêterons. Le socialisme d'aujourd'hui est complètement irréligieux et ennemi de l'Eglise. Il dit que l'Eglise n'est qu'une institution policière du capital qui trempe le prolétariat avec une *traite sur le ciel*, et que par conséquent elle doit être détruite.

L'Eglise et même toute religion quelconque sont fanatiquement détestées par beaucoup de socialistes, et certes c'est de baucoup la faute de l'Eglise ; mais cette tendance n'est pas une conséquence nécessaire du principe économique du socialisme, au moins en ce qui touche les institutions religieuses qui ne se rattachent pas à des intérêts de classes opposées (1).

Si dans l'avenir le socialisme se réalise, tout ce qui regarde le culte sera probablement entretenu par les cotisations volontaires des coreligionnaires, sous forme de travail. D'ailleurs il est possible, quoique peut probable, que l'Eglise soit entretenue par l'Etat et traitée au point de vue financier comme institution *publique*. En tout cas, l'Eglise pourrait subsister comme association libre soutenue par les libres subsides de ses adhérents.

(1) Le socialisme apportera la lumière et un esprit de justice plus développé. Dans ces circonstances, les absurdités et les insanités contenues dans les mythologies sémétiques qui obstruent la pensée européenne ne sauraient longtemps résister. Cela ne veut pas dire qu'on vivra sans religion ; l'*humanisme* remplacera le jéhovisme et le mahométisme ; on sera simplement entré dans une religion humaine et supérieure. (N. du traducteur.)

Cette dernière forme d'existence se prête à beaucoup d'autres associations, constituées en dehors de l'Etat avec des buts sociables, religieux, scientifiques, techniques, politiques et sociaux. Nous nous bornons ici à ne constater que les conséquences économiques.

Il est impossible actuellement de prédire le sort de cette Eglise chrétienne ou *Internationale noire*, d'un côté si violemment repoussée de l'union avec l'Etat libéral, et de l'autre si profondément détestée par l'*Internate rouge*, et de dire si, dans l'Etat socialiste, elle pourrait encore dominer et exercer une influence sur les âmes.

Toutefois, comme nous l'avons déjà montré, une manière d'entretenir l'Eglise sauvegardant sa liberté et son indépendance n'est généralement pas impossible dans l'Etat socialiste.

Ceci est toujours à remarquer par les amis et les ennemis de l'Eglise, en vue de la séparation financière imminente entre celle-ci et l'Etat.

La science, l'amitié, l'humanité, la bienfaisance, et tout ce qui a trait à l'utilité publique, trouveraient aussi *amplement* leur place, pourvu que le socialisme se limitât à son vrai principe qui est la réalisation du système de production collective.

On pourrait faire maintes objections contradictoires pleinement motivées par l'extravagance et la frivolité de quelques socialistes ; mais elles ne sont nullement fondées en ce qui regarde le principe économique qui devient toujours, et de plus en plus, la base du socialisme et qui sera le point central de la grande lutte de l'avenir.

Puisse-t-on aussi renoncer enfin aux illusions dangereuses et aux combats contre des moulins à vent. On contribue par cette manière de combattre le socialisme à une réalisation socialiste violemment révolutionnaire, qui amènerait la ruine des plus hautes conquêtes et des idéals les plus élevés de la civilisation ! Une telle réalisation ne devrait pas résulter de la question soulevé entre le troisième et le quatrième état, question qui doit se limiter strictement à sa base économique, c'est-à-dire : extension des institutions de droit public dans le domaine de l'économie, et le développement social subséquent par les *réformes* de détail.

CHAPITRE IX

Conclusions.

Nous avons examiné (Chap. III-VIII) le principe collectiviste en regard des catégories principales de l'économie politique. Il nous reste à résumer les données auxquelles nous sommes arrivé.

On a vu d'abord que les réfutations *habituelles ne sont pas suffisantes* contre le socialisme.

Il n'est pas vrai que le socialisme repousse la propriété en général.

Il n'est pas vrai qu'il veut l'abolition absolue de la propriété privée.

Il n'est pas vrai qu'il veuille travailler sans moyens de production, qu'il doive annuler le capital dans le sens technique du mot.

Il n'est pas vrai qu'il exclue la grande production.

Il n'est pas vrai qu'il soit nécessairement matérialiste et indisciplinable dans le fond.

Il n'est pas vrai qu'il repousse en principe la famille et le droit d'héritage.

Il n'est pas vrai qu'il dénie absolument le droit de changer le domicile et le libre choix des professions; qu'il repousse en principe la libre détermination des besoins individuels, la liberté du ménage, et la liberté d'association en général.

Il n'est pas vrai que le socialisme doive être *anti national* et purement *cosmopolite*, car une organisation internationale du travail, sans organisation préalable du travail national dans toutes ses branches, serait impossible. Il y aurait plus tôt à craindre un trop grand isolement national. La tendance bourgeoise actuelle du libre échange est cosmopolite à un haut degré.

En outre, il n'est pas vrai que le socialisme annule la *spontanéité* de l'individu, et qu'il soit par conséquent contraire à la civilisation et à la liberté.

Au contraire, c'est plutôt lui qui le premier donnerait à tous la possibilité de déterminer librement leurs besoins, comme il donnerait le self-gouvernement constitutionnel dans la sphère la plus proche du travail professionnel, car, par lui tous seraient des travailleurs professionnels et non plus des serviteurs privés.

Il est également injuste de dire que le socialisme est destiné à réaliser le *despotisme de l'Etat centralisé.*

On pourrait plutôt voir naître une plus complète self-administration, organisée territorialement et industriellement, au-dessus de laquelle seraient librement constituées les autorités centrales de l'Etat comme organes de l'ordre de l'égalisation (Ausgleichung) et de la communauté. Ces autorités agiraient dans leur sphère comme aujourd'hui et même avec une intensité moindre que celle qu'exercent maintenant les autorités centrales sur les self-administrations communales, académiques, ecclésiastiques et pédagogiques.

Enfin il est faux de dire que l'anarchisme politique découle en principe de l'Etat socialiste.

L'idéal d'un ordre conservateur, c'est-à-dire une *complète organisation des métiers* de l'ensemble du peuple, ne deviendra possible, sous une forme moderne, qu'en régime socialiste; tandis que maintenant cette base manque et le suffrage universel doit bâtir son édifice sur un sable mouvant.

Certainement le fait de l'incorporation professionnelle serait puissant comme principe d'ordre, d'autant plus que le suffrage universel serait conservé pour toutes les élections représentatives.

Des électeurs professionnels conscients, ayant une position sociale et solide, pourraient exercer *dignement* leur droit de vote.

Mais en voilà assez sur ce qui a été injustement attribué au socialisme comme conséquence.

Nous avons trouvé, au contraire, que les partis actuels du socialisme représentent l'irréligiosité au plus haut degré, qu'ils l'exagèrent même, et ceci au préjudice de leur cause et d'une discussion raisonnable. Il est réellement inconcevable que les socialistes, dont le principe suppose, plus que tout autre, l'empire sur soimême, l'honnêteté, la soumission et le dévouement, l'amour chrétien dans son sens le meilleur et le plus pur, soient les représentants d'un matérialisme et d'une haine de religion complètement étrangers aux masses populaires qui travaillent à la sueur de leur front et connaissent tout le sérieux de la vie.

Une conception dont la propagation générale est incompatible avec le développement ultérieur de la civilisation et de l'ensemble des progrès moraux, ne répugnerait certes pas moins aux classes moyennes collectivistes qu'aux classes moyennes actuelles (1).

Il est également regrettable que beaucoup de socialistes aient crié par dessus les toits aux prolétaires, dans un esprit absolument anti-collectiviste, que chaque travailleur doit recevoir l'équivalent complet du produit de *son* travail (2), tandis que dans l'Etat socialiste comme dans l'Etat capitaliste, ce n'est qu'après déduction faite de la somme nécessaire aux charges publiques, que le total du produit pourrait être réparti entre les travailleurs, en raison du temps et de l'intensité du travail individuel.

Il doit paraître inconcevable que les écrivains du socialisme ne perfectionnent pas avant tout

---

(1) Schäffle parle ici en réformateur chrétien. Il est pourtant une vérité qui est entrée même dans le domaine de l'opinion publique, que la morale est indépendante des religions. Même les simples libéraux reconnaissent que les progrès de la civilisation ont presque toujours dû vaincre d'abord les préjugés religieux, les religions, par leurs prétentions à l'infaillibilité et à l'éternité, étant la force rétrograde la plus tenace. (N. du traducteur).

(2) Marx n'y est pour rien (Schäffle).

leurs théories dans un but de conserver et de fortifier au plus haut degré les garanties individuelles de l'économie productive. Par la conservation d'une féconde concurrence de travail d'après le principe de la valeur social du travail, le socialisme pourrait. avant tout, se rendre pratiquement compatible avec tous les bons côtés de l'économie politique existante.

Une victoire prompte, brusque et totale du socialisme n'est pas à craindre ni à espérer, à cause de la masse des intérêts opposés, de la force d'inertie et d'autres obstacles.

D'autre part, les lecteurs impartiaux reconnaîtront qu'à des idées comme celles que nous venons d'exposer, ce n'est pas avec des coups de fusil, mais avec des arguments qu'il faut répondre. C'est le peuple qui forme l'armée, et l'armée fait du peuple un corps unitaire de forces mécaniques. Si le peuple devenait socialiste en masse, le socialisme n'aurait qu'à produire un grand capitaine au moment donné pour devenir l'héritier du centralisme militaire. Qu'on se borne donc à examiner les idées, et à les combattre par des arguments lorsqu'elles sont fausses.

Il se trouverait à peine quelqu'un pour nier que le socialisme, devenu toujours de plus en plus conscient de ses principes, dépouillé de ses premières fantaisies insensées, et faisant toujours ressortir d'une manière plus intelligente les conséquences de son principe suffisamment formulé, que le socialisme, dis-je, embrasse un ensemble d'idées positives de réorganisation qui s'empareront puissamment des masses.

Dans une organisation internationale comme parti, dont le rouage n'est disloqué que par intervalle, on travaille déjà à l'organisation d'une force politique sérieuse, adaptée à la réalisation de ces idées.

Déjà de toutes parts le *Quatrième État* s'est pénétré des idées principales, et par cela même il force ses meneurs à les formuler toujours plus clairement. C'est pourquoi nous avons cherché à expliquer le socialisme d'après ses conséquences nécessaires (inconnues peut-être même à beaucoup de ses meneurs) et non d'après des formules particulières fantaisistes.

D'après cela, il nous paraît nécessaire de peser, de considérer, de réfuter, de purifier, de rectifier, de concentrer les débats sur le point capital :

Appropriation collective ou privée des moyens de travail collectif « basé sur la division du travail ». Ce n'est qu'en partant de là que chaque parti pourra choisir son véritable point de départ. En réalité c'est bien là l'objet de la dispute entre l'individualisme et le collectivisme relativement au *capital*. Les principales conséquences s'étendent au procédé social de production, d'échange et de répartition des richesses.

Dans l'état actuel ce procédé a déjà une forme sociale, parce que ce n'est que le plus petit nombre des produits qui est consommé par le producteur lui-même.

La question est bien plus celle-ci : le régulateur social sera-t-il une force inconsciente, sans unité, recevant l'impulsion des intérêts privés, c'est-à-dire de la concurrence capitaliste, ou bien ce régulateur sera-t-il une force sociale organisée, unitaire, consciente de la production et de la distribution, qui dirigerait mieux et plus économiquement le procédé de la transformation et de la circulation de la substance sociale?

En d'autres termes, la concurrence capitaliste ne pourrait-elle pas être remplacée par une concurrence perfectionnée des travailleurs, par une noble rivalité concernant les intérêts matériels et encore plus les intérêts moraux? etc.

Ne pourrait-on pas arriver à une accumulation pleinement suffisante et à une distribution féconde dans les différentes branches de travail par une autre organisation que l'organisation de lutte actuelle, par exemple par le concours, réglé et exercé publiquement, des corps de production, sur la base des causes évidentes et pardevant les administrations publiques du ressort des finances et du capital social (d'une manière semblable à celle que nous voyons aujourd'hui dans l'État, l'école, l'Église et la commune)?

L'auteur traite, d'une manière plus étendue, cette question avec d'autres dans le 2e et 3e volumes de son grand ouvrage *Structure et vie du corps social*, en les ramenant aux principaux points de vue de l'assimilation (Zuchtwahl) et du développement social.

Si le nouveau principe est ou peut devenir réalisable, personne n'est à même de le dire au juste maintenant; mais nous sommes sûrs que pendant longtemps encore il ne sera pas praticable, bien qu'il ne soit nullement anti-social en lui-même.

Qu'on s'habitue donc enfin à penser et à juger d'une manière concrète dans cette grande question; qu'on la dérobe à l'influence déréglée des mots d'ordre, des mensonges, des préjugés, des passions, des illusions et des dénonciations! Sans quoi *toutes* les classes périront et avec elles la civilisation!

FIN

Table des matières

NOS PROCHAINS VOLUMES :

évolution sociale en Belgique

Par Victor ARNOULD

—

Sacrifié pour le Peuple!

Par Edouard ANSEELE

—

Ouvrages parus :

Le Parti ouvrier et son Programme par **Louis BERTRAND**.
Un Coin de la Vie de Misère par **Paul HEUSY**.
Lettres Démocratiques, par **Adelson CASTIAU**.
Mon Oncle le Jurisconsulte / *La Veillée de l'Huissier* } par **Edmond PICARD**.

POUR PARAITRE PROCHAINEMENT

V. ARNOULD. *L'Organisation militaire.*
L. BERTRAND *Questions ouvrières.*
— — *La Coopération.*
— — *La Participation aux bénéfices.*
Aug. CHIRAC. *La Banque et la Révolution.*
— *La prochaine Révolution.*
G. DE GREEF *L'industrie dentellière en Belgique*
[illegible]

On reçoit séparément chaque volume en [illegible] timbres-postes, à M. J. [illegible], 11, rue [illegible], à Bruxelles.

www.ingramcontent.com/pod-product-compliance
Ingram Content Group UK Ltd.
Pitfield, Milton Keynes, MK11 3LW, UK
UKHW020232220726
13923UKWH00002B/606